蒙台梭利格言书

Montessori Quotes Anthology

以爱为教

重庆美丽草地文化交流有限公司　编译

西南师范大学出版社
国家一级出版社 全国百佳图书出版单位

图书在版编目（CIP）数据

蒙台梭利格言书 / 重庆美丽草地文化交流有限公司编译 . -- 重庆 : 西南师范大学出版社 , 2019.11
ISBN 978-7-5621-9999-1

Ⅰ . ①蒙… Ⅱ . ①重… Ⅲ . ①蒙台梭利 (Montessori, Maria 1870-1952) —格言—汇编 Ⅳ . ① K835.465.46

中国版本图书馆 CIP 数据核字 (2019) 第 271565 号

蒙台梭利格言书
MENGTAISUOLI GEYAN SHU
重庆美丽草地文化交流有限公司　编译

责任编辑：胡秀英
责任校对：吴雨遥
排　　版：观止堂 _ 朱　璇
出版发行：西南师范大学出版社
地址：重庆市北碚区天生路 2 号
印　　刷：重庆康豪彩印有限公司
幅面尺寸：210 mm × 285 mm
印　　张：22.25
字　　数：300 千字
版　　次：2020 年 10 月第 1 版
印　　次：2020 年 10 月第 1 次印刷
书　　号：ISBN 978-7-5621-9999-1
定　　价：168.00 元

玛利亚·蒙台梭利
1870—1952

Maria Montessori

意大利史上第一位女医学博士，伟大的儿童教育学家。

1907 年，蒙台梭利博士在罗马设立首个儿童之家，她为了儿童教育、人类精神复兴、人性发展和世界和平奉献了一生。她曾三次被提名诺贝尔和平奖，被联合国教科文组织誉为“教育和世界和平的伟大象征”。

前　言

人类文明从原始社会走向生态文明时代，教育始终是亘古不变的话题。幼儿教育作为启蒙教育，是早期人格发展、性格形成的关键。

在今天这样一个科技飞速发展的时代，幼儿教育面临的问题和矛盾与蒙台梭利生活的时代大同小异。我们重新拾起蒙台梭利的经典原著，字斟句酌地品读、深思，渐渐发现，无论哪个时代、哪个流派，教育的初衷及目的都具有极大的相似性。百年前的经典，如今依然力透纸背，发人深省。

最早拜读原著时，我们更关心成人与儿童的关系。重新阅读时，我们深深地对这样一位深具历史视野、高瞻远瞩的大师肃然起敬，直至今日，她的语录、她的信念、她的思想，依然使人受益匪浅，影响着幼儿教育的发展。

这也是我们编撰本书的初衷，透过优美精炼的原著文字，引导初识者了解面对幼儿时成人应该扮演的角色，激发蒙台梭利教育工作者心灵深处对蒙台梭利教育理念的执着，以及对幼儿教育事业的热爱，为蒙台梭利理念在中国的薪火相传贡献一分力量。我们希望，对那些原著中语句的摘录，不仅是一种使我们内心产生涟漪的文字记录，也可以成为一种力量，让我们在幼儿教育的道路上砥砺前行。

本书借鉴了由 Montessori—Pierson Publishing Company 出版的，国际蒙台梭利协会（AMI）认证的 20 套蒙台梭利系列图书中的 10 本，并将其摘录出来翻译成中文，包括 *The Discovery of the Child*（《发现儿童》）、*The Secret of Childhood*（《童年之秘》）、*The Absorbent Mind*（《吸收性心智》）、*What You Should Know about Your Child*（《了解孩子》）、*Education for A*

New World（《新世界的教育》）、*The Formation of Man*（《人的成长》）、*To Educate the Human Potential*（《如何教育潜在成人》）、*Education and Peace*（《教育与和平》）、*Understanding the Human Being—The Importance of the First Three Years of Life*（《生命重要的前三年》）、*The Child in the Family*（《家庭中的孩子》）。此外，本书还借鉴了人民出版社出版的《蒙台梭利文集》和中国台湾及幼文化出版股份有限公司的 9 套蒙台梭利系列图书。

当我们回归教育本源，认真审视幼儿问题时，诸多社会问题便迎刃而解。就如在 1936 年 9 月 3 日的布鲁塞尔的欧洲和平会议举行之前，蒙台梭利在演讲时说："我们必须将关心的焦点放在如何教育人类——教育世界各国的人之上，进而带领全体人类追寻共同的目标。我们必须回过头来重新重视幼儿，同时将科学研究的重心放在他们身上，因为幼儿是解答人类谜团的钥匙。"

幼儿是民族的未来，幼儿是人类世界发展创新的崭新力量。重庆美丽草地文化交流有限公司秉承"以爱为教"的教育理念，肩负爱与教的使命，怀揣教育的情怀，用爱与教温暖生命，用爱与教呵护生命。

读者朋友们若能在书中体悟、领会其中精髓，那将是我们最大的愿景。因译者水平有限，如若读者朋友们有不同的见解，我们虚心接受大家的批评指导。谦恭虚己、海纳百川、身体力行，为幼儿教育事业倾注毕生精力。

目 录

第一部分

发现儿童

让我们想象一个如同在圣域中天国里那个孩子般的人。他的心灵充满热诚、交织着尊重和爱的情感，以及神圣的好奇心，企盼自己会变得更完善，而且愿意将这份完美带入孩子聚集的教室中。这不正是我们希望培养出来的新型教育家吗？！

——《发现儿童》第一章

我们努力将科学家的献身精神和神秘主义者妙不可言的欢喜合二为一，我们将成就完美的“教师”精神。

——《发现儿童》第一章

正是这种隐藏在心智中的巨大内在驱动力成就了世界进步。

——《发现儿童》第一章

对一个正常人的真正惩罚就是让其丧失对自己的实力和伟大之处的意识。

——《发现儿童》第一章

因此，科学教育的基本要求就必须是，学校能允许孩子自由发展其个人生命力。

——《发现儿童》第二章

我们必须了解如何唤醒孩子内心深处潜藏的人的意识和精神。

——《发现儿童》第二章

老师必须尊重学生并对他们有同理心，而这仅仅是唤醒孩子灵魂的第一步。孩子必须在活动中找到指引其实现自我发展的途径。孩子教育的第二元素就在于科学教育的贡献。

——《发现儿童》第二章

教育科学的目的不应局限于“观察”孩子，更要“改变”孩子。

——《发现儿童》第二章

正是这种特殊的环境才能显现出新奇，而当直觉和兴趣被唤醒后，这些新奇才能开启进步的新途径。

——《发现儿童》第二章

儿童之家可以变成新的圣地，当儿童之家被铺开到世界上被遗弃的人群中时，它将为教育带来光明。

——《发现儿童》第二章

当一个人必须遵从生命的法则，成为自己的主宰，能够控制自己的时候，他就达到了自律。

——《发现儿童》第四章

在童年甜蜜而温柔的岁月里，人性在智慧的光辉中显现出来，我们应该以近乎宗教的崇拜来尊重它。它就像黎明时分初升的太阳或蓓蕾初绽的花朵。唯有能够帮助孩子拥抱生命的教育方为有效。

——《发现儿童》第四章

在我看来，当孩子们能够在教室里以一种有用的、智慧的、自由的方式活动，并且不做任何粗鲁的或者不礼貌的事情时，他们就是非常自律的。

——《发现儿童》第四章

建立在自由基础上的教育体系应帮助儿童获得自由，并应设立具体目标，即将儿童从那些限制其自发表现的束缚中解放出来。

——《发现儿童》第四章

帮助越无用就越会成为自然力量发展的障碍。

——《发现儿童》第四章

一个独立行动的人，一个可以将自己的力量浇灌于自己的行动中的人，将征服自我，增强自我，完善自我。

——《发现儿童》第四章

这种内在的解放伴随着新的尊严。此后，孩子开始对自我征服感兴趣，并且对许多外在的小诱惑漠不关心，而这些外在的诱惑在此之前却会造成孩子难以抗拒的低落心情。

——《发现儿童》第四章

孩子有一个不断成长的身体和不断发展的心智。无论是生理上的发展还是心理上的发展都有着共同的源泉，那就是生命。

——《发现儿童》第四章

当我们谈及孩子的自由时，我们并非意指接受孩子放任自流的行为，以此来开脱他们漫无目的的活动，我们所指的自由是移除孩子生命中影响其正常发展的障碍。

——《发现儿童》第四章

带托盘的盒子和球

一般来说，孩子在不同时候都会有不同的欲望，他们各忙各的事情，毫无争吵。如此一来，他们就会融入充满活动的美好社会生活中。孩子们自得其乐地解决他们在各种形式的、自由的活动中不时产生的各种社会问题。

——《发现儿童》第四章

孩子比任何人都更能自发地观察自然。

——《发现儿童》第五章

孩子确实很喜欢花，但他们所需要做的远远不止于驻足于花丛间去凝视花朵的五彩斑斓。纵使没有外在美的吸引，他们也会在活动、认知和探索中获得满足。

——《发现儿童》第五章

恰恰是他们自己的活动使得他们的人格魅力之蓓蕾得以绽放。

——《发现儿童》第五章

通过观察孩子，我们进一步得出的结论是，如果给予孩子满足其精神需求的有限的空间，他们就能够自由地表达自己的需求。

——《发现儿童》第五章

在教学的领域，要有激活生命，也就是增加身体的活动，其主要目的是恢复和加强营养机制，因为营养机制的不健全会导致能量缺乏、身体虚弱、新陈代谢降低和易患疾病等现象。

——《发现儿童》第六章

我们方法当中最重要的一个实操层面就是要将对肌肉的训练融入孩子的生命中，这样它才能与孩子们的日常生活紧密结合。

——《发现儿童》第六章

通过与运动冲动的和谐，抑制力亦将服从于意志力，而在童年期难以抗拒的对动作的需求亦将随着抑制力的发展而明显减少。

——《发现儿童》第六章

换句话说，我们应更多地考虑提供关于动作的教育，因为实操活动（译者注：日常生活活动）仅仅是教育过程的外部激励，它们为孩子提供动机，鼓励孩子组织自己的动作。

——《发现儿童》第六章

动作本身是未经训练的，但是如果有人期望将其完善，它的价值就将得到提升。

——《发现儿童》第六章

动作的分析与经济性紧密相关：简而言之，我们要达到的完美的最高层次就是要执行没有多余的冗杂的动作。这就是优雅动作和优美姿态的源泉。

——《发现儿童》第六章

通过长时间反复地练习成为自己动作的主人，并被自己所从事的愉快又有趣的活动所鼓舞的孩子，必定是一个健康、愉悦、沉着、自律的孩子。

——《发现儿童》第六章

这些自我征服者也必将获得自由，因为他们已经摆脱了那些无序和无意识的倾向。

——《发现儿童》第六章

他应该不断努力，使自己避免掉入懒惰的深渊中，因为正是懒惰使得他在通向完美的道路上止步不前。

——《发现儿童》第六章

我们所有人，不仅仅是孩子，都应通过工作来锻炼我们的肌肉，并且将这种活动作为我们花费精力的、最自然的首要方式。

——《发现儿童》第六章

孩子开始沉浸于他所做的事情，他完全沉浸于自己的工作。虽然对于自己到底发生了什么并不清楚，但他仍然继续工作，无数次地重复同样的练习。这就印证了专注的现象，并且印证了一项练习的重复与孩子内在发展的紧密相关性。

——《发现儿童》第六章

这样的孩子就好比一个对于自己所继承的宝藏毫无察觉的人，他急切地期盼得到专家的帮助，去鉴赏、编录和分类这些宝藏，这样，他才能对它们即时而全权地掌控。

——《发现儿童》第七章

我们可能提到我们的感官教具所带来的巨大辅助作用，在运用这些感官教具做活动的时候，能够察觉出随时呈现出的感官上的功能缺陷并且可以做很多活动来进行矫正。

——《发现儿童》第七章

此项练习的完美之处在于尽可能移除了所有的干扰因素。它使得孩子可以投入内在和外在的分析中，帮助其获得一个有条理的头脑。

——《发现儿童》第七章

孩子天生就是热忱的环境探索者，因为他还没有时间或方法去精确地了解它们。当他用手去探索各种形状，或者为了能够倾听细微的声音而乐于接受黑暗的时候，他愿意闭上眼，或者戴上眼罩来屏蔽光线。

——《发现儿童》第七章

课程就是对注意力的召唤。如果物品符合且能满足孩子的内在需求，它就会激励孩子延续活动。他会掌握这件物品，并且会反复使用。

——《发现儿童》第八章

这就是作为教育者的第一要务：激起生命之力然后让其自由发展。

——《发现儿童》第八章

最好的指导就是对任务言简意赅的指导。

——《发现儿童》第八章

儿童早期教育必须完全以“帮助孩子自然发展”的原则为基础。教育的另一层面，即让个人适应自己的环境，这在后期更为重要。

——《发现儿童》第十章

就我们所知，3岁至6岁这一阶段是身体和精神能力快速成长和发展的时期。在这三年中，孩子发展自己的感官，因此他的注意力会集中在他所处的环境上。

——《发现儿童》第十章

专业训练几乎总是会让人做好准备而善用环境，因此它也必须要弥补他早年所受教育的惊人匮乏。

——《发现儿童》第十章

美学和道德教育也与感官的训练密切相关。通过运用不同的刺激来倍增感官经验以及提升对细小差别的分辨力，人的敏感性就得到了改善，而且满足感也得到了增加。

——《发现儿童》第十章

手和感官均能被完善以执行更高层次的任务，因此更值得运用并保持它们来服务于精神。任何真正的智力教育都应该提升这两种能力，而这将带来无法估量的进步。

——《发现儿童》第十章

她（译者注：导师）无须大费口舌、无须时刻耗费精力，也无须很严格，但必须具备明察秋毫的能力。

——《发现儿童》第十一章

她（译者注：导师）必须进行细致观察，自己说话还是不说话，去帮助孩子还是让孩子自主完成，都以孩子的需要为准。她必须保持前所未有的道德警觉性，要沉稳，耐心，有爱心，谦卑，做一个真正有品德的导师而不是纸上谈兵。

——《发现儿童》第十一章

拼图

她（译者注：导师）必须严格执行规则，而这规则也形成了有组织的外在纪律的基础。这都是极为简单的规范，却足以保证工作的平稳进行。

——《发现儿童》第十一章

导师的神圣职责之一就是成为孩子专注工作的“守护天使”。

——《发现儿童》第十一章

在我们的体系中，导师最重要的职责之一就是为教具传达给孩子的概念提供精准的术语。当用语言把这些词汇说给孩子时，她必须清楚、正确地发出每个字的音节，但需正常发音即可，不要刻意用夸张的方式发音。

——《发现儿童》第十二章

作为人生道路上的可靠向导，她既不催促孩子前进，也不阻止他前进。她感到满意的是，当她确保让这位宝贵的旅行者，也就是孩子，走在正确的道路上的时候，她就已经完成了自己的任务。

——《发现儿童》第十二章

多余的存在和必要的缺乏是教师的两个主要错误。想做到完美就要找到两个极端之间的平衡点。

——《发现儿童》第十二章

我的方法，教得少而观察多。而且我们更倾向于引导孩子的精神活动和他们的生理发育。这就是为什么我将“老师”改称“导师”。

——《发现儿童》第十二章

儿童之家的导师必须明确两点——导师的职责在于引导，而孩子的工作在于自我练习。

——《发现儿童》第十二章

以这样的方式，孩子从几何图标（译者注：平面几何形状）中获得的知识就将成为他理解周遭一切的神奇钥匙，这使得他能够了解世界的奥妙。

——《发现儿童》第十三章

成人想要以自己来替代孩子，替孩子做事是精神的致命伤，因为这反而变成孩子发展最严重的障碍。孩子通过自己发现他身边的世界是那么美妙，就能得到无止境的快乐和满足。而如果是由成人教的，就会变得乏味甚至精神愚钝。

——《发现儿童》第十三章

每一次发现，孩子都会体会到一种新的快乐。这带给他自尊和满足，激励他从环境中搜寻新的感知，并自然而然地使得他们变得善于观察。

——《发现儿童》第十三章

一旦孩子和他的环境建立了这种联系，他的进步就得到了保证。他精致的感官使他能够更有效地观察周围环境，而他所观察到的物体，以其多样性吸引他的注意力，继续对他的感官进行训练。

——《发现儿童》第十三章

在我们的体系下，自发的精神活动由感官的教育引导产生，并由观察者的智慧维持。

——《发现儿童》第十三章

布盒

我们教育幼儿的目的在于帮助其发展，而不是向其灌输单一的文化知识。

——《发现儿童》第十三章

大自然赋予一个孩子对固定语言和口音非凡的感受力，正是在童年时期，一个人的语言逐渐形成并固定下来。

——《发现儿童》第十三章

敏感期是获取人类优良品质和能力的基点，这些品质和能力在之后的年龄段很难发掘甚至无法发掘。

——《发现儿童》第十三章

当孩子学会将环境里的每件物品归回原位时，对其感官的教育就会成就他精神意象的有序性。

——《发现儿童》第十三章

在不断增加的知识的曙光指引下，他们不断前进，用利剑将无知的黑暗斩杀。

——《发现儿童》第十三章

在蒙台梭利的方法中，看似普通的秩序实则是登上前所未及的更高一层的起点，而静默是由知识与经验总结得来的一个伟大成果。

——《发现儿童》第十四章

无论周围环境如何，孩子天生就有着一颗探索周围环境的心，就像他有着倾听周围言语的倾向一样。他的这种本能驱使着他认知外在的世界，并学会表达自己。

——《发现儿童》第十四章

当一名普通的孩子专注于工作时，他会拒绝想对他提供帮助的人，他想要独自处理问题。由此产生的自发活动远比看到事物的不同之处更有价值。

——《发现儿童》第十四章

通过重复练习而不断修正的动作能加强孩子的区辨能力，这正是教育真实且合适的作用所在。

——《发现儿童》第十四章

教育的科学，必须源于活跃和不断变化的刺激学习的因素，而不只是检验那些刺激因素的工具。

——《发现儿童》第十四章

观察必须要完全客观，不应受任何先入为主的观念影响。

——《发现儿童》第十五章

写作同说话一样是儿童天生便能轻松掌握的技能，写作是将听到的声音转化为有意义的文字形式。

——《发现儿童》第十五章

我们一直在追寻逝去的辉煌，却没有质朴地意识到新胚芽的成长。

——《发现儿童》第十五章

在童年期，动作机制便会发展成熟，儿童遵循着特有而又神秘的自然法则，通过实践活动发展出自己独特的性格。在童年期，动作机制处于敏感阶段，并遵循自然法则发展。

——《发现儿童》第十六章

孩子的双手还不协调，无法写出规范的字母和文字。只有双手平稳才能写好字。拥有“稳健的双手”，也就是遵循意志力控制下的双手，是书写的必要条件。

——《发现儿童》第十六章

双手努力而轻柔地移动，伴随着对手指触觉的刺激，终有一天手能写字。正是以这样的方式，人类用以表达思想的工具得以不断完善。

——《发现儿童》第十六章

在孩子成长发展的道路上，我们不应该担忧孩子是应该先学习阅读还是书写。我们应不带任何先入之见，从经验中学习，静待两者先后学习的个体差异。

——《发现儿童》第十六章

智慧的最高境界是它会善用自然或者教育本身为创作带来效用。

——《发现儿童》十六章

触觉板

一旦孩子的兴趣得以激发，也就是当孩子们发现口语中的每一个声音都能用一个符号来代表的时候，他们就能够自我进步。这样的确定性促进了他们对书面语言的学习。

——《发现儿童》十六章

我们应该逐步地激发孩子对书面语言的意识，而非莽撞地让孩子感受到文字的存在。我们应从一开始就以一种近乎完美的方式鼓励这种自发行为的出现。

——《发现儿童》第十六章

真正的写作是一种由内在刺激产出的外在表现。它不只是书面练习，更是一件充满意义让人愉悦的事。

——《发现儿童》第十六章

它（译者注：教授写作的方法）教会了孩子避免错误的智慧，它是高尚的预见指引孩子走向完美，也是谦逊的态度使得孩子始终与良善为伴。

——《发现儿童》第十六章

相反，我们要间接地让孩子不仅为写作做准备，而且为书法做准备，这要遵循两个基本原则，即让孩子感受形状之美（通过接触优美的字母）以及有力的执行力（通过填充数字的操作）。

——《发现儿童》第十六章

我所说的阅读就是理解文字符号所陈述的思想。

——《发现儿童》第十七章

就像我们所描述的一样，写作就是心理活动机制的行为表现。然而，阅读却是一种纯粹脑力的活动。

——《发现儿童》第十七章

如果说书写是指正引导，或完善孩子语言机制的工具，那么阅读就是发展思维和语言的工具。简言之，书写帮助孩子生理上协调发展，阅读培养孩子的交际。

——《发现儿童》第十七章

在人类的本能之中，孩子对知识的热爱远超过无意义的玩乐，纵观人类非同寻常的头脑便知。

——《发现儿童》第十七章

书面语言并不需要言语。只有将其与口头语言完全分离之际方能理解其壮美。

——《发现儿童》第十七章

大声朗读需要启用语言的两个机制——发音能力和符号理解能力，因此这是一项较为复杂的活动。

——《发现儿童》第十七章

书面文字可以跨越距离传递思想，而要做到这一点，我们都不需要感官和肌肉机制的运作。它是让全世界人类可以相互交流的精神语言。

——《发现儿童》第十七章

儿童带给未来光明的希望。他们是其周围环境中智慧又耐心的观察者，并能自由发挥其推理的能力。

——《发现儿童》第十七章

稳定客观的语言是促进知识文化发展的必要条件，它就像写作一样可以进行分析。

——《发现儿童》第十八章

书面语言和口头语言的紧密联系至关重要。书写作为语言的第二种表现形式，通过不断重复的实践与口头语言联系在一起。

——《发现儿童》第十八章

言语表达能力的缺陷可由人体神经系统或生理器官的病变造成，但也与一个人在学习说话时的环境功能缺失有关。如孩子身边有发音不标准的人，孩子会学到自己听到的错误发音。

——《发现儿童》第十八章

静默活动的练习帮助孩子准备好语言神经束，从而完美地接受新刺激。

——《发现儿童》第十八章

很明显，这一阶段孩子的心智工作将会帮助其意识到他无意识获得的事物，并且促使其得到增强与修正。

——《发现儿童》第十八章

孩子不断地从环境中获取丰富的印象，这些外来的新鲜事物激发了孩子对生命本能的热爱。

——《发现儿童》第十八章

从古至今，儿童在人类文明几千年的迷雾里如同一个陌生的物种匆匆而过，然而儿童拥有的意识形态本能，使我们认识到他是文明链中的一个关键环节。

——《发现儿童》第十八章

算术的教学必须进行彻底改革，应从感官感知入手，以具体的实物为基础。

——《发现儿童》第二十章

我们教孩子绘画的目的并不是绘画本身，而是为孩子提供各种表达方式的机会。

——《发现儿童》第二十一章

事实上干涉孩子已经完成的工作一直都是一个障碍，它会阻碍孩子表达的内在驱动。

——《发现儿童》第二十一章

教授绘画的最好方法并不是让孩子完全自由，而是通过手部训练为孩子的自然发展提供条件。

——《发现儿童》第二十一章

双手是与心智相连的器官，是人类智能自我表达的工具。

——《发现儿童》第二十一章

双手是用来表达的器官，在艺术创造领域尤其重要。在婴幼儿时期，双手辅助智力的发展，而对成人来说，双手又是决定其一生命运的工具。

——《发现儿童》第二十一章

音乐教育的成功离不开让孩子经常听各种优美的音乐。孩子成长的环境必须具备这样的条件，才能激起孩子对音乐的理解与欣赏。

——《发现儿童》二十二章

韵律、和声、乐谱的读写从根本上来说就是统一的。它们是三个层级环环相扣的独立板块，给人带来愉悦的音乐体验，交织成辉煌的音乐作品。

——《发现儿童》第二十二章

因此，重要的是我们必须要意识到孩子第一发展阶段所处的成长环境以及环境所提供的印象会在孩子的灵魂深处留下深深的不可磨灭的烙印。

——《发现儿童》第二十三章

与孩子谈论“恶”等于跟他们说教他们没有办法理解、吸收的东西。因此，导师必须非常谨慎地避免与孩子谈论与其年龄不符的话题，以免伤害他们幼小的心灵。

——《发现儿童》第二十三章

粗糙光滑板

实际上，依靠训斥或乞求的态度来维持纪律是没用的。这样做也许一开始会产生有效的假象。但很快，当真正的纪律显现时，这些少得可怜的假象在现实面前不得不灰飞烟灭：黑夜终将给白天让路。

——《发现儿童》第二十四章

纪律的首次出现来源于工作。在某一段时间里，孩子对工作产生浓厚的兴趣。这一点我们可以从孩子的表情，他的深入专注，以及他持续进行的感官活动上看出。

——《发现儿童》第二十四章

因此，纪律是间接获得的，也就是通过自发工作中的活动来实现的。每个人都必须学会如何控制自己，以及如何保持冷静，只为守护生命赖以生存的内在火焰。

——《发现儿童》第二十四章

通过动作练习，孩子能拓展他的理解力，对所处环境和自己有更清晰的认识。动作的协调发展促使个人不断完善。

——《发现儿童》第二十四章

孩子通过自由选择自己感兴趣的工作来丰富自己的个性，同时树立起纪律意识。

——《发现儿童》第二十四章

在漫长的准备期中，孩子体验到喜悦、兴奋和满足。这些造就了孩子心灵的财富。孩子身心健康、快乐成长的动力将是良善之源。

——《发现儿童》第二十四章

理智的行动产生内在的满足感和自豪感，帮助孩子克服自身困难，茁壮成长。

——《发现儿童》第二十四章

服从通过一系列复杂的心理个性的形成而获得。只有心甘情愿服从，同时能承担因服从产生的结果，才能做到服从。

——《发现儿童》第二十四章

秩序的形成逐渐取代了思想上的混沌，为孩子智力的成长和道德观念的形成提供基本条件。如一道光芒射穿黑暗，孩子的心智感受到了秩序的力量，由此开启了孩子对爱、善良和美好事物的追寻。

——《发现儿童》第二十四章

如果身体上的照顾能够让孩子健康快乐，那么智力和道德教育将带给他们更高层次的精神上的喜悦，促使他们继续探索环境，在心灵深处发现更多惊喜。

——《发现儿童》第二十五章

吸收性心智的力量随着儿童心理意识的形成而逐渐消退。然而从世界各种族儿童的成长过程看来，吸收性心智在儿童时期会一直存在，其帮助儿童学习到的知识量大到超乎我们的想象。

——《发现儿童》第二十六章

吸收性时期收获的东西将永远封存，它们不是保存在记忆里，而是保存在生命机能中，从而引导儿童心智和个人特质的形成。孩子吸收的文化知识点燃了孩子的热情之火，鼓舞他不断成长和成功。

——《发现儿童》第二十六章

带插座圆柱体

真正了解我们工作的人，不会把它当作一种“教育方法”。反之，我们的方法是观察孩子未知的以及未被观察到的心理现象发展之成果。

——《发现儿童》第二十六章

教育带来更美好的生活，与每个人都息息相关。

——《发现儿童》第二十六章

第二部分

童年之秘

一个人幼年时期的生活，直接关系到他成年后的幸福。大人对小孩犯下的错误，将给小孩刻下永远无法消除的印象。

——《童年之秘》导论

人们不再视儿童为一个生物体，而是一个精神体，其中潜藏着人类进步的动力。儿童的潜能将决定人类进步的方向，甚至引导人类走向更高层次的文明。

——《童年之秘》第一章

隐藏在幼儿内心深处，有一种神秘的潜能，可以揭开人类灵魂的奥秘。这种潜能是与生俱来的，此潜能一旦得到适当的开发，将能帮助其在成年时期解决自身问题和社会问题。

——《童年之秘》第一章

透过观察方法，我们得以进入儿童与其社会环境的一个崭新的世界，而让我们暂时忘却心理分析的理论与技术。

——《童年之秘》第一章

成人为了照顾和教育儿童费尽心力，可是成人却发现自己被卷入一大堆复杂的问题之中。就像是不知为何在迷走，在一片广袤的森林中迷了路，找不到出路一样。

——《童年之秘》第二章

所有精神上的进步都是意识的成果。正是在发现之路上前行才有了文明的进步。

——《童年之秘》第二章

在探索儿童心灵世界的过程中，成人一定不要用自己的角度，或以自我为中心。如果成人以自我为中心去观察与儿童心灵有关的所有因素，只会增加对儿童的误解。

——《童年之秘》二章

二项式立方体

每一个儿童的灵魂深处，都有一个不为人知的秘密，随着灵魂的成长而逐渐显露出来。

——《童年之秘》第三章

新生儿出生的那一刻，甚至第一个月内，都无须任何衣物。我们应该用渐进的方式，让新生儿慢慢地适应穿衣服。

——《童年之秘》第四章

我们对待新生儿的态度不应该是同情，而应该是把他当作一个神秘的产物来崇敬他。他是一个超越我们认知范围的，一个具有灵性的生命体。

——《童年之秘》第四章

我们理解的“肉身化”，是一种能够驱动新生儿的神秘力量，促使他成长，教他说话，并使他成为一个完全的人。

——《童年之秘》第六章

在人类显现出对外界影响之前，必须推动其内部的能力先行运作。这个工作正如主动创造一个独一无二的产品，而不是“复制”一个已有的产品。最后产品将出现在世人面前，它是如此的神秘又令人惊叹。

——《童年之秘》第六章

每个小孩都是一个谜。我们只知道他有最大的潜力，但不知道他将来会变成什么样的人。他必须靠自己的意志力“肉身化”。

——《童年之秘》第六章

粉红塔

事实上，人类对自然从未有过百分之百的信心，因为指导人类发展的原则有着一种容纳在孩子内在的个人力量。儿童的精神生活是自主的，它的先驱性让所有外部动作得以实现。

——《童年之秘》第六章

即使孩子无法体现出来，他仍然拥有活跃的精神生活，孩子必须要经过漫长的时间悄无声息地完善其内在生命。

——《童年之秘》第六章

正如生理胚胎需要在母亲的子宫中孕育一样，精神胚胎也需要温暖的、充满爱的、营养丰富的外部环境来保护，在这环境中，只有欢迎，不能有任何伤害。

——《童年之秘》第六章

在不断尝试自我实现的过程中，这个微妙且不确定的、几乎毫无意识的生命，通过感官与环境的接触，运用肌肉控制身体向外扩展。

——《童年之秘》第六章

一个孩子必须要适应其周围的环境，而在其适应环境时所付出的努力会使得孩子的性格得到整合。

——《童年之秘》第六章

敏感期是指一个生物在其孩童时期，也就是还在成长的过程中，所获得的特殊敏感性。它是一种短暂的倾向，并且仅限于获得某种特质。一旦这种特质或特征获得后，这种特殊的敏感性就会消失。

——《童年之秘》第七章

童年就是一个征服接着另一个征服，而在持续的征服中，每一次都伴随着愉悦和幸福。正是在这灵魂火焰的燃烧中，精神世界得以铸造。

——《童年之秘》第七章

孩子拥有一种特殊的内在活力，这促使其运用令人惊奇的方式进行自然习得；但是如果孩子在敏感期遇到学习的阻碍，他将会受到干扰，甚至身心被扭曲，遭受精神的苦难。

——《童年之秘》第七章

因此，我们必须在每一个幼稚的、反复无常的突变背后寻找原因，因为这正是我们已知范围以外的。当我们发现原因，它就可以使我们直接深入孩子灵魂的神秘深处，并为我们理解孩子以及与孩子和平相处提供基础。

——《童年之秘》第七章

红棒

孩子在敏感期所表现出的乱发脾气的行为其实是需求未得到满足的外在表现，是一种对危险的示警，或者是由于什么不相称的外在表现。一旦有可能使需求得到满足或者危险消除，这种行为就会消失。

——《童年之秘》第七章

孩子不同的内在敏感性使得孩子可以从其复杂的环境中选择适合其成长并且是其成长必需的事物。

——《童年之秘》第七章

如果每一种功能性的失调都被视为功能性疾病，那我们也就必须将精神性的失调称为功能性疾病。孩子第一次发脾气也就是他的灵魂的第一次生病。

——《童年之秘》第七章

一个人要帮助孩子，必须要具备帮助他们的愿望以及丰富的常识储备。

——《童年之秘》第七章

如果孩子正在经历秩序敏感期，那么他所感知到的无序就将成为他发展的阻碍以及他变得异常的诱因。

——《童年之秘》第八章

秩序是生命所需之一。当秩序得到满足，真正的幸福就会随之而生。

——《童年之秘》第八章

秩序包括能够识别并且记住每一件物品在环境中所处的位置。这意味着孩子能够在环境中找到自己的定位并且掌控所有细节。

——《童年之秘》第八章

秩序带来自然的愉悦，这种愉悦就像我们看到小孩子玩各种游戏时候的喜悦。

——《童年之秘》第八章

人类的智力并非无中生有；相反，它是在孩子敏感期打下的基础。

——《童年之秘》第八章

内在秩序使他意识到自己身体的不同部位以及它们之间的关系。这种敏感性可以被称为“内在定位”。

——《童年之秘》第八章

因此，自然为孩子真正的发展提供了潜能与意识经验。

——《童年之秘》第八章

从一无所有到建立一个人未来生命的第一个原则，孩子势必付出巨大的努力。他是如此接近生命的源泉，他为了行动而行动。而这就是创造的方式。

——《童年之秘》第八章

一名真正的观察者，是遵循着内在的推动力行事，也就是一种感觉或者特殊的爱好，因此他选择了特定的印象。

——《童年之秘》第九章

我们可以从孩子沉浸在我们漠不关心的微小事物的沉思中感知到其内在生命的佐证。

——《童年之秘》第九章

对成人而言，孩子的心智就是一个难以捉摸的谜。那是因为他们只能通过孩子的外在表现去拼凑、猜测，而并非通过其内在的精神力量去了解。

——《童年之秘》第九章

如果成人愿意去寻找这些谜底，他就必须要采取新的态度对待孩子，并且提高自己对孩子的责任感。他必须学着做一名学生去尊重孩子，而不是一个冷酷的统治者或者专断的法官。

——《童年之秘》第九章

如果孩子能够表达自己，他一定会告诉我们他内心深处对我们的不信任，就像我们不信任他一样。

——《童年之秘》第九章

父母的爱与孩子的无辜之间的冲突皆因无意识而起。

——《童年之秘》第十章

我们必须分辨什么是恰当的，什么是人为诱导的。强者可通过建议将其意志强加于弱者。

——《童年之秘》第十章

孩子需要简单的事物，复杂的事物不仅不是其发展的助力，反而通常是其阻力。

——《童年之秘》第十章

成人必须意识到，他们在孩子的发展中扮演着次要的角色。他们必须努力去理解孩子，如此才能恰当地辅助他们。

——《童年之秘》第十章

几何图橱

如果他要发展其人格，成人就必须松开缰绳，遵循孩子的引导。成人必须将其视为了解孩子以及追随孩子的特权。

——《童年之秘》第十章

孩子之所以发展出行走的能力，并不是仅靠等待，而是通过走路的练习习得。学习走路对孩子而言就像是一次再生，因为他从无助状态过渡到了能够自由行动的个体。

——《童年之秘》第十一章

如果说因为语言是对思想的表达，语言则构成了人类的特有特征，那么走路就是人类与其他动物所共有的特征。

——《童年之秘》第十二章

人类独有的特征之一就是人类能够自由地使用双手。

——《童年之秘》第十二章

人类的双手是如此的精致，如此的复杂，不仅允许心智得到表达，同时使得整个生命都能够与其环境形成一种特殊的关系。我们甚至可以说人类“因为拥有双手而拥有环境”。他的双手在智力的引导下改变环境，以此来完成自己在这个世界上的使命。

——《童年之秘》第十二章

潜意识中，人类将双手视为其内在自我的彰显。

——《童年之秘》第十二章

当孩子第一次用双手自主地移动时，成人应该满怀钦佩之情，因为这第一次的自主动作的动力代表了孩子内在自我进入外在世界的努力。

——《童年之秘》第十二章

在内在自我的指引下，他为有组织的动作建构了必要的协调性。经过无数次试错，随着其心灵的发展，孩子的内在自我终将学会协调、组织并整合其表达器官。

——《童年之秘》第十二章

孩子的建构动作来源于模仿他人的行为。

——《童年之秘》第十二章

几何图橱卡片

让孩子自由活动这个思想易于理解，但由于成人大脑中根深蒂固的障碍使得其难以实现。一个循规蹈矩的人，即使他愿意放手让孩子根据自己的意愿去做事情，让其自由地触摸、把玩物品，他也会发现自己很难抗拒内心想要支配孩子的模糊冲动。

——《童年之秘》第十二章

它（译者注：动作节奏）就像是身体的形状一样，是一个人本质的特征。我们乐于和与我们的动作节奏相同的人交往，但当我们被迫调整自己去适应他人的节奏时，我们就会感觉不快。

——《童年之秘》第十三章

我们可以这样说，这样的活动已经与孩子的内在自我分离（译者注：某些活动带入过多的热情或夸张动作而抑制了孩子自主的思考或判断），孩子本应受其内在自我的指挥来行动，而此时却有另一个不属于孩子的自我，其力量更强大，取代了孩子的内在自我。

——《童年之秘》第十四章

孩子对暗示的易感性可以理解为对内在情感的夸大，这种内在情感有助于他的心理成长，也可以被称为“环境之爱”。

——《童年之秘》第十四章

内在纪律体现为有序的外在行为。当一个人缺乏内在纪律的时候，他的行为将无法受自己的控制。

——《童年之秘》第十四章

如果一个孩子从小就必须和成人斗争，长大后就可能成为这个成人的模样：他的心灵黑暗、心智未开化，行为表现失调，而且会像小时候一样成为外在影响力的牺牲品。

——《童年之秘》第十四章

几何图橱——示范托盘

运动，不仅仅有益于身体健康，同时还能激发勇气、建立自信。运动甚至拥有道德影响力，促使参与者追求理想，并激起观众极大的狂热。

——《童年之秘》第十五章

正是通过这种隐藏在内在的工作，孩子的理性才得以发展。这种理性，归根结底，就是人与非理性生物之间的区别。一个能够做出理性判断的人，通过意志力的作用，也能够决定自己的行动方针。

——《童年之秘》第十五章

动作不仅仅是一种自我的表达，也是意识发展不可或缺的因素，因为它是将自我置于与外部现实的明确界定关系中的唯一真实媒介。因此，动作，或者说生理活动，就是智力发展的一个重要因素，这取决于大脑从外部获得的印象。

——《童年之秘》第十五章

身体活动就像是一条纽带，将人的精神与环境联系起来。而精神活动方式应是双重的：一方面获得概念，一方面将内心通过外在表现出来。

——《童年之秘》第十五章

一个人的肌肉应该是不受约束的，并且能够迅速对意志力的每一个指令做出响应。只有通过长时间的练习才能使肌肉随时听命行事。

——《童年之秘》第十五章

因此，意志力不仅仅是执行的工具，也是心理发展的工具。

——《童年之秘》第十五章

一个孩子天生就拥有自主运用其动作器官的渴望。如果他不能做到这一点，他就无法对外彰显其智慧成果。

——《童年之秘》第十五章

如果一个不断成长的孩子不能运用自己的动作器官，他的发育就会受阻，他就会像被剥夺了视觉或者听觉一样，很难达到自己的目标。

——《童年之秘》第十六章

教育和生命的基本目标，是配给生物如何掌握动作的工作，他的行动不仅仅受本能反应对感官刺激的引导，同时也受理性本身的引导。

——《童年之秘》第十六章

爱是结果，而非起因。它就像行星接收太阳照射的光线一样。其运作的动力是本能，也是生命的创造性力量；但是在引发爱的创造过程中，这种爱充满了孩子的意识，并且影响他的自我觉知。

——《童年之秘》第十七章

敏感期，将孩子与物品联系在一起的不可抗拒的冲动实际上就是对环境的爱。它不仅是一种情绪反应，而且是使得孩子可以看到、听到并因此而发展的智力上的渴望或爱。

——《童年之秘》第十七章

孩子的爱天生就很单纯。例如他喜爱秩序，是因为他可以接收到能够滋养他成长的印象。

——《童年之秘》第十七章

没有孩子的帮助，人类将会退化。如果成人不努力更新自己，那么他的心肠将逐渐变硬，并最终使得自己失去知觉。

——《童年之秘》第十七章

正如我们已经看到的，孩子的每一种不寻常的反应都为我们提供了一个需要解决的问题；每一次发脾气都是一些根深蒂固的冲突的外在表现，这些冲突不能简单地解释为对抗敌对环境的防御机制，而是一种寻求自我展示的高尚特质的表现。

——《童年之秘》第十八章

发脾气就像是一场暴风雨，它使得孩子的灵魂从隐藏的静修中走出，并向世界展示自己受到阻碍。

——《童年之秘》第十八章

在一个开放的环境中，也就是在适合其年龄的环境中，孩子的精神生活必将自然而然地发展并且展露其内在的秘密。

——《童年之秘》第十八章

新教育的首要目标就是要发现儿童、解放儿童。首先就是要承认孩子存在的事实，其次就是要提供给孩子必要的辅助，让孩子逐渐长大、成熟。

——《童年之秘》第十八章

我们教育体系的最大特色就是对环境的重视。

——《童年之秘》第十八章

有时，一件微不足道的事情可以开启无限宽广的新领域。人类天生就是探索者。人类之所以一直在进步，就是因为不断发现那些看似微不足道的细节。

——《童年之秘》第十八章

对于孩子而言，任何事情都不仅要有秩序，而且要供他们恰当地使用，他们的兴趣和专注力尤其来源于消除令其困惑和怀疑的事物。

——《童年之秘》第十九章

事实上，如果心理印象对新陈代谢有影响，从而降低了一个人的活力，那么相反的情况一样会发生：一项激励的心理体验将会加快新陈代谢，从而有助于身体健康。

——《童年之秘》第十九章

我们所发现的童年特征，其实很简单，就是属于孩子的生命，就像艳丽的羽毛之于小鸟，芬芳的香味之于花朵一样。孩子并不是任何“教育方法”的产物。但是，很明显的是，教育可以影响孩子的自然特质，也就是说通过保护和滋养孩子，就可以帮助他们的自然发展。

——《童年之秘》第二十章

在建立任何教育体系之前，我们必须为孩子创造出一个适合的环境，让他们的自然天赋得以发展成熟。我们所需要做的就是要移除障碍。而这也是未来教育的基础和出发点。

——《童年之秘》第二十章

但是，关于一种更深层次的平静，一种虚空，或者更好的不受阻碍的状态，就是内心纯净的源泉。这种平静是精神上的谦逊和智力上的纯洁，这是了解一个孩子所必需的。因此，也是为人师表所必须具备的。

——《童年之秘》第二十章

建构三角形

最引人注目的是活动集中在由智力引导手部动作的任务上。这就产生了更深入孩子内心的活动，如“重复练习”和“自由选择”。

——《童年之秘》第二十章

蒙台梭利教育是一种将孩子的自我选择作为指导原则，以孩子的活泼天性来预防错误的教育体系。

——《童年之秘》第二十章

如果我们将原罪和忧伤视为对更圆满状态的疏离，那么这种状态的恢复就暗示着转变。原罪和忧伤就要给喜乐让行。

——《童年之秘》第二十章

人类真实的天性隐藏在其内心。这种自怀孕开始获得的天性，必须被认识到，并且允许其成长。

——《童年之秘》第二十一章

在天性深处，尽管有着成人的压抑，孩子仍然一再宽恕成人并努力茁壮成长。他不断地与淹没他自然发展的力量搏斗。

——《童年之秘》第二十一章

我们必须坚持一个事实，那就是老师必须通过有条理地自我发现从内在准备好自己，如此，他才可以消除他根深蒂固的缺陷，也正是这些缺陷阻碍了他与孩子的关系。为了能够发现这些潜意识的缺陷，我们需要一种特殊的训练。我们必须做到像旁观者一样来看待我们自己。

——《童年之秘》第二十二章

渐层几何形状

我们可以用两种不同的方法来克服我们的邪恶倾向，即内在的和外在的。内在的即是与我们已知的缺陷做斗争。外在的即是压制我们邪恶倾向的外显。

——《童年之秘》第二十二章

尊重他人的意见可以避免骄傲自大；顺境可以减少贪婪；另一方的强烈反应抑制了愤怒；为了生存而去工作的需求克服了偏见；社会习俗是对松散行为的约束；获得奢侈品的不易减少了挥霍；保持尊严的需求排除了嫉妒。

——《童年之秘》第二十二章

我们对于自己的缺陷的反抗力量越弱，我们就越容易去找借口。

——《童年之秘》第二十二章

愤怒是最主要的弱点，但它通常被傲慢所掩饰，而这种自负甚至还要求得到他人的尊重。

——《童年之秘》第二十二章

因此，一个成功学会谦卑的人最终将会以自己的坏脾气为耻。

——《童年之秘》第二十二章

如果他表现出一些反抗，这极少会是对成人行为的直接或者有意的回应。相反地，这只是对其完整人格的必要防卫，或者对压抑做出的无意识反应。

——《童年之秘》第二十二章

我们都应该谦逊，并将隐藏在我们内心深处的偏见连根拔除。我们不能压抑那些有助于我们教学的特质；但我们必须检视成人那些会阻碍我们理解孩子的内心态度的特征。

——《童年之秘》第二十二章

因为孩子在成长的肉身化过程中遭遇了有敌意的环境，他无法实现其既定的发展计划。

——《童年之秘》第二十三章

精神力量必须在运动中肉身化，人格才能统一。

——《童年之秘》第二十三章

当一个短暂的念头无法找到可以让他发挥作用的事物时，它就会被意象与符号所吸收。

——《童年之秘》第二十三章

这一点并没有被普遍地意识到，孩子的无精打采以及不服从，实际上就是其心理防卫的外在表现。更确切地说，它是完全不受意志力控制的心理防卫，这种心理防卫下意识地阻碍了孩子对外界的领悟和理解。

——《童年之秘》第二十三章

家庭壁垒是封闭的，它难以逾越，比家庭所居住的房屋墙壁更加坚固。

——《童年之秘》第二十三章

更确切地说，它可以被描述为对“必不可少的经验”的一种冲动。孩子对环境的热爱促使他不停地活动。

——《童年之秘》第二十三章

孩子通过对大人的依恋、泪眼、哀求，或摆出一副忧郁的脸孔，甚至只是天生的可爱，就能达到一定的目的。演变到后来，当大人已“给无所给”时，大人将尝到“再也无法满足孩子欲望”的苦头，而这将导致各种偏离。

——《童年之秘》第二十三章

不，成人并不是因为对孩子让步造成溺爱孩子，而是因为阻碍了他的自然发展，使他迷失了方向，才让孩子被宠坏。

——《童年之秘》第二十三章

要一个人承担责任之前，他必须相信他是自己行动的主人，并对自己有十足的信心。

——《童年之秘》第二十三章

任何能够让儿童接触、经历及了解环境真实面的东西，都能帮助儿童脱离恐惧的干扰。

——《童年之秘》第二十三章

正常的成长不会使一个人置身于危险之中，反而让人变得谨慎，帮助他认识及掌控危险情况，进而使他在各种危险中应对自如。

——《童年之秘》第二十三章

立体几何形状

像一棵茂盛大树的树枝一样，精神偏离能够向各种方向发展。然而所有树枝的来源只有一个，就是树的根部。而其根源，正是正常化秘密被发现的地方。教育者常犯的一个错误，就是认为各种缺陷的本质是各自独立的。

——《童年之秘》第二十三章

说谎是最严重的缺陷之一。欺骗犹如掩盖灵魂的外衣，我们甚至可以将欺骗比喻成一整间藏衣室，里面每一件衣服都是一种伪装。

——《童年之秘》第二十三章

人类生命结构的糟糕构成，并不是孩子的虚假，而是成人的羞愧感。这种心理好比动物的皮毛或鸟类的羽毛一样，人类的精神受到其良好的遮掩、装饰及保护。人类用伪装来掩饰自己真正的感觉，好使他在与自己自然意向相左的环境中生存和生活。

——《童年之秘》第二十三章

成人牺牲小孩的需要来满足自己的需要，但成人拒绝承认这个事实，因为这是不能被忍受的，他宽慰自己这是在执行天赋的权利，他所做的一切，都是为了孩子将来好。当孩子自我防卫时，成人从不去考虑真实的原因，只要孩子有自卫行为就会被认为是不听话，或者是邪恶倾向的结果。

——《童年之秘》第二十三章

人类通常用谈话掩盖自己的真实感受，这种精神上的谎言有助于其更好地适应这个社会的偏离，但会让爱逐渐转变为仇恨。这是潜伏在人类潜意识最深处的可怕谎言。

——《童年之秘》第二十三章

只有一种方法可以治愈这样的孩子（译者注：极度依赖成人的孩子），那就是让压抑他的人离开，为他提供一个心理自由和活跃的环境。

——《童年之秘》第二十四章

对于许多身体或心理的疾病，比如道德上的缺陷，只需将儿童换到一个自由的环境去生活，症状就会消失，孩子就可以回归道德状态。

——《童年之秘》第二十四章

我们可以把幼儿时期比做一片清澈的湖泊，沿着奇妙的生命之路，儿童的灵魂在自由的召唤下乘风破浪，他是如此的自由，只有一种情况他才稍做歇息，那就是停下，停下来积聚能量，蓄势待发。

——《童年之秘》第二十五章

我们不能只考虑让儿童逐渐获得自由，而不给其合适的环境来发展独立的能力。

——《童年之秘》第二十六章

三项式立方体

小孩对工作的强烈欲望，表示他内心深处有一种生命的本能，那就是不工作就无法组建人格，只有通过工作才能为人。

——《童年之秘》第二十六章

一个人通过进行体力劳动来建构自己，在这种劳动中，他的双手是他建立人格、表达智力和意志力的工具，并帮助他掌控他的环境。儿童的工作本能说明工作是人类的本能，是区别于其他物种的特性。

——《童年之秘》第二十六章

人类有着对工作的天赋本能，通过工作使得其环境得以完善。

——《童年之秘》第二十六章

人有工作的本能。本能敦促他进行内在建构，他借此表达自我存在感的同时，也推动了构建自身的完成。

——《童年之秘》二十六章

对儿童的正常教育应该是能引领儿童通向卓越的。

——《童年之秘》二十六章

二月廿又四日爲
生寫秋林書屋圖
胡宗信

不仅仅是成人生活节奏的加快成为孩子发展的阻碍，机器的进步更像一阵旋风，夺去了孩子最后的一点空间。孩子再也不能去做他应该做的自然活动。为了保护孩子不受伤害，大人毫无保留地施予孩子各种照顾，这反而加重了对孩子的伤害。

——《童年之秘》第二十七章

人类当初在大地上是怎样被创造的，他的一切也同样复制在他的所有后裔身上。因此我们可以非常肯定地说："孩子是成人之父。"成人的所有能力，均来自儿童时期的潜能。儿童运用这个潜能，去完成上天赋予他的神秘使命。

——《童年之秘》第二十七章

成人与儿童在工作上的自然法则有着根本的不同。儿童不仅未遵循最小努力法则，甚至反其道而行。当他做一件事的时候，几乎用了全部的精力和潜能去做每一个细节，而且没有明显的外在目的。对他而言，工作本身才是最重要的，至于工作的结果与方法都是附带的。

——《童年之秘》第二十七章

孩子从未要求成人解除他的“工作负担”，而只是要求能够独自完成自己的使命。他生命的成长就在于工作，只有通过工作生命才有意义，否则就与死亡无异。

——《童年之秘》第二十七章

色板 1

我们或许可以把主导本能（译者注：一种持续时间更久的本能，它与个体和物种的生存都相关）看作是一种思维，它是生命内在的，可以帮助生命个体应对外部世界的本能。因此，主导本能在个体和物种的生命旅程中不具备瞬间冲动的指导特征。

——《童年之秘》第二十八章

自然界最不可思议的奇迹之一，就是新生儿所具备的一种能力：在没有任何生命经验的情况下，新生儿就能够由内而外地定位自己，做出保护自己的反应。

——《童年之秘》第二十八章

这个世界上确实有一处地方，人们不再渴望征服，而是追寻洗礼与纯洁，简单与和平。在这份纯洁的宁静里，人们找到了重生，从俗世重担中复苏。

——《童年之秘》第二十八章

世界未来的命运潜藏在儿童身上。任何人如果想要对社会做出贡献，就应该细心观察儿童最自然的举动，并防止儿童误入歧途。儿童的力量既神秘又强大，他的内心深处潜藏着人性的奥秘。

——《童年之秘》第二十九章

社会改革的第一步，也是最困难的一步，就是唤醒沉睡的人性，让它倾听呼唤的声音。

——《童年之秘》第三十章

父母肩负着一项非常重要的使命。他们是唯一能够通过与孩子携手工作而拯救孩子、改善社会的一群人。父母必须重视上天赋予他们的神圣使命。他们在社会中扮演着重要的角色，他们通过赋予孩子生命而掌控着人类的未来。

——《童年之秘》第三十章

第三部分

吸收性心智

儿童天生潜藏着未知的能力，引导我们走向光明的未来。如果我们真的期待建立新世界，就应把发展儿童潜藏能力作为教育的目标。

——《吸收性心智》第一章

教育必须从出生开始。

——《吸收性心智》第一章

生命开始的前两年，为我们拓展了新的视野，它可能使我们见到迄今为止不为人知的精神建构法则。

——《吸收性心智》第一章

儿童不仅要识别周遭的一切，了解并适应我们的生活方式，而且还需在无法受教的情况下逐渐建立包括智力、基本宗教情感，以及特定的种族与社会情感的复杂组合。

——《吸收性心智》第一章

色板 2

心理学家曾断言，假如拿成人的能力与儿童相较，幼儿三岁能做的事，成人得花六十年的辛勤努力才行，用他们的话说："三岁已为人。"

——《吸收性心智》第一章

教育并不是描述教师做的事情，而是人类自发发展的自然过程。它不是通过说教来获得的，而是通过孩子在环境中的行为经验而获得的。

——《吸收性心智》第一章

任何教育改革都必须基于人格特质之上，教育必须以人为本。

——《吸收性心智》第第一章

教育是一生的事业，不仅如此，教育的核心应是捍卫生命。

——《吸收性心智》第二章

科学的各项贡献，犹如采石场为建筑切好的、备用的石材。我们只需找到合适的人将其拼装，从而筑起文明迫切需要的新结构。

——《吸收性心智》第二章

关于幼儿心智发展的知识，必须广泛传播，唯有如此，教育才能以全新的声音，权威地向世界呼吁："生命的法则是如此这般不容忽视。人们必须遵循法则行动，因为宣扬的人权是普遍的，无一例外。"

——《吸收性心智》第二章

社会必须对个人产生有益的影响，如果说教育也是生命的一种辅助，那么这种影响便不应被限制或束缚，而应当采取生理及心理上的帮助的形式。

——《吸收性心智》第二章

儿童并非毫无能力，需事事仰赖大人，他并不是个需要我们去填满的空瓶。相反，儿童创造了人，因为没有任何一个人不是由曾经的儿童所创造的。

——《吸收性心智》第二章

对儿童而言，社会问题则更为重要，因为他的劳动成果不仅是物质的，更是塑造了人类本身——不只是某个种族、社会阶层或社会团体，而是全人类。

——《吸收性心智》第二章

教育被理解为生命的辅助。教育从出生便已开始，它孕育着一场和平革命，将所有的一切汇聚成一个焦点，归置于一个共同的目标之下。

——《吸收性心智》第二章

“发展乃是一系列事物的重生。”一种心理特质结束时，另一种便开始。

——《吸收性心智》第三章

只有实务工作与经验，才能让年轻人渐臻成熟。

——《吸收性心智》第三章

就人类而言，我们面对的不是某种在发展的东西，而是一种形成的事实：从一无所有，创造出原本不存在的东西。婴儿迈出的神奇的一步，便是从无到有，这对我们而言是个难解的谜题。

——《吸收性心智》第三章

儿童不是靠心智吸收周围环境的印象，而是靠生命本身。

——《吸收性心智》第三章

我们通过使用心智来获取知识，儿童却能直接将知识吸收到他的精神生命里。只要生命得以延续，儿童便能学会母语。儿童体内产生着一种心智的化学作用。而我们，只是被动接受而已。

——《吸收性心智》第三章

人类善于学习是一件很好的事，它使我们意识到自己的知识能力，让我们拥有人类的思维。

——《吸收性心智》第三章

通过外在的游戏体验，孩子无意间审视和吸收了对事物的印象。他通过各种活动逐渐变得意识健全并建构成未来的人。他被一个神秘伟大的力量引导着，一点一点地，慢慢地造就成人。

——《吸收性心智》第三章

手是人类智能的工具。

——《吸收性心智》第三章

孩子在这个阶段最需要睿智的帮助，他在进行创造性活动时遇到的任何阻碍，都会减少他达成完美的机会。

——《吸收性心智》第三章

这便是教育铺设的崭新道路：对发展过程中的心智提供帮助，增加其活力，加强其各种能力。

——《吸收性心智》第三章

儿童不同于成人，他们并非在走向死亡，而是迈向生命。他的任务就是竭尽全力造就一个人。一旦成为成年人，儿童就不复存在。因此，儿童的整个生命就是一个不断走向完备，追求完美的过程。

——《吸收性心智》第四章

色板盒

儿童的生命就是通过工作——完成自己的任务——获得喜悦与幸福。对于成年人来说，日常琐事却往往令人沮丧不快。

——《吸收性心智》第四章

儿童的生命连接着两代成人。儿童的生命，起于一个成人，也止于另一个成人；它（译者注：儿童的生命）创造，同时也在被创造。他的生命历程与成人紧密相连，对这个历程的研究，给我们带来许多耳目一新的见解和成果。

——《吸收性心智》第四章

孩子为爱而生，爱便是其自然的根源。

——《吸收性心智》第四章

父母对孩子的深爱，让他们不惜舍弃自己的生命，奉献给孩子。这种奉献纯出于自然，它给父母带来喜悦而且他们并不会觉得自己是在牺牲。

——《吸收性心智》第四章

真正的求生动机，“为生存而奋斗”的主要因素，莫过于成人对子女的爱。

——《吸收性心智》第四章

正是借助想象力，或者说，归功于人“透过现象看本质”的智慧，人才得以推断正在发生的事。也正是源于人类心智的这些能力，一切科学和发现才有了推动力。

——《吸收性心智》第五章

从事一个职业并不仅仅意味着学习一门技术，投身于此才能产生成功所需的内在转变。比技术更重要的是获得了适合这项工作的特殊性格。这使得该职业成为个人理想，最终成为其人生目标。

——《吸收性心智》第五章

如果我们细细体会这些事实，认识到人体复杂的器官，它们之间的相互通信，肌肉，以及与身体中每一个微小的细胞产生连接的神经，并且如果我们记得这一切都起源于一个单一的细胞，最初的一个圆形胚芽细胞，我们就能深深感受到自然的神奇与奥妙。

——《吸收性心智》第五章

纵观人类智慧的硕果，人类实际上是创造的继承者，好似他是被派遣（如赫胥黎所言）来使用这个能力去创造并加速创造的节奏。人类通过对生命本身的掌控，来使生命更为完美。

——《吸收性心智》第六章

生物就好像是创造的代理，各司其职，就好比大宅院里的仆人，或企业里的雇员一般。地球上大自然的和谐，归功于无数生物的共同努力，各尽其责。这便是我们所观察到的行为形态，而这些行为的目的远超过照顾自身的需要。

——《吸收性心智》第六章

地球上的生命，不仅是为了维持自身的生存，而且承载对所有造物都至关重要的过程，因此世间万物的存在都有其必要性。

——《吸收性心智》第六章

儿童的内在，除了自我创造和追求完美的必然行动外，必定还存有另一层目的，即实现和谐，这是为了服务于整体必须担负的事情。

——《吸收性心智》第六章

儿童有其中立性，他本身并不在乎吸收些什么，只是把周遭所发现的一切并入自己的特质中。这为人类的团结提供了真实的证据。

——《吸收性心智》第六章

人的能力不是动物能力的继承或延续。人类在地球上的出现是一种生命的飞跃：是全新命运的起点。

——《吸收性心智》第七章

如果人类在世间的工作，与其精神与创造性的智慧有关，那么他的精神和智慧就是他身体运作和生存的支点。通过这个支点，人的行为变得有组织性，这个支点甚至影响着身体各部分协调发展。整个人在一种精神光环的照耀下发展着。

——《吸收性心智》第七章

儿童有一种特殊的敏感性，促使他去吸收周围与他相关的一切事物，而这种观察与吸收，使他可以适应生活。这些都是凭借着这种只有童年期才存在的无意识的能力来完成的。

——《吸收性心智》第七章

要想改变一个成人，希望渺茫。当我们说“此人缺乏教养”，或是批评某人行为邋遢时，我们很容易伤害或侮辱到他们，我们也很容易使他们意识到自己的缺陷。然而，这些缺陷将继续保留，因为它们已根深蒂固，积习难改了。

——《吸收性心智》第七章

教育能够通过儿童施加巨大的影响，它以环境为工具，因为儿童吸收环境，从中吸收一切，并将其肉身化。因为环境无限的可能，孩子就能够成为人类的改变者，成为环境的创造者。儿童带给人类巨大希望和新的愿景。

——《吸收性心智》第七章

声音筒

虽无天生遗传的记忆引导，但儿童被一个有潜能的没有形式的模糊冲动所驱动，这种冲动充满着潜在的能量，有着引导的作用，让孩子在肉身化周遭环境的过程中发现人类行为的模式。

——《吸收性心智》第七章

人类首先发展的是智力，其余各方面以及行为模式的发展均来自于人的精神世界。

——《吸收性心智》第七章

人类发展最重要的方面在于精神层面。因为人类动作的组织必须由精神生活来引导和指挥。智力使人有别于动物，并且智力的建构是最先发生的，其余一切都服务于它。

——《吸收性心智》第七章

这（译者注：动作系统的发展）都是关于行为体验、练习的问题，换句话说，是关于教育的问题。刚出生时，人的身体构成都是大同小异的，而每个人都是自己技能的创作者，使自己不断完善。

——《吸收性心智》第七章

对所有人来说都有一个适应的初期阶段；所有人都通过心理层面开启生命的冒险之旅。在这期间如果能得到与人类生活需求一致的帮助，每人都能获益，从而便能更好的发展和发挥个人能力。

——《吸收性心智》第七章

自然创建了某种法则并决定了人类发展的过程，唯有自然能够主宰应遵循的教育方法，因为自然的主旨是满足各种所需以及建立各种生命法则。

——《吸收性心智》第七章

我们的使命是不断地向儿童学习，并竭尽所能协助他们。

——《吸收性心智》第七章

回归（译者注：弗洛伊德学说中与“出生创伤”有直接关联的“回归症状”。）并非压制，它代表新生儿一种无意识的决定，一种在发展中不是向前而是后退的决定。

——《吸收性心智》第七章

那些没有得到保护而无法正常发展的儿童，在日后会怪罪于身边的成人并报复社会。无知不会导致暴乱，但会让本应强大的人变得弱小。

——《吸收性心智》第七章

儿童并未先天地继承其预先建构好的语言模式，而是继承了一种无意识的吸收能力去建构语言。

——《吸收性心智》第七章

许多退滞倾向的产生通常是由于缺乏引导儿童适应社会的“生命驱动力”引起的。这类儿童由于缺乏适当的敏感性，无法吸收环境中的任何东西，或者无法完美地吸收。

——《吸收性心智》第七章

贺尔美（译者注：生命驱动）则泛属于生命，可被称为神圣的驱动，乃一切演化的原动力。这种促进发展的强大力量，激励着儿童去从事许多活动。儿童若能正常成长、不受阻碍，便会显现我们所说的“生命的喜悦”。

——《吸收性心智》第八章

婴儿生而具有“征服世界的心理”。他不断吸收自己发现的周围的一切，渐渐形成自己的人格。

——《吸收性心智》第八章

这个世界向儿童展示了丰富的情感刺激。

——《吸收性心智》第八章

这便是正常儿童的心理状况：他首先将世界整体吸收，而后再加以分析。

——《吸收性心智》第八章

是大自然赐予了儿童成长的机会；是大自然赐予他独立，并指引他成功地获取自由。

——《吸收性心智》第八章

我们若靠教育的手段教孩子在此阶段前行走，是注定要失败的，因为行走要依靠一连串同时产生的身体发育。局部的发育必须首先完成，任何加快孩子自然发育的努力只能是揠苗助长。起指导作用的是大自然。万物皆须依赖她，听从她的指令。

——《吸收性心智》第八章

发展并不会自行发生。“每一个个体的行为，都是其环境经验的产物。”

——《吸收性心智》第八章

神秘袋

教育的第一要务是为儿童提供一个能够发挥大自然赐予的力量的环境。

——《吸收性心智》第八章

只有透过儿童，我们才能领悟到大自然的雄伟。她给予儿童自由与独立，赋予儿童生命力。她在遵循个体的年龄以及需求的永恒规律时，赋予了生命，她使自由成为生命的法则：要么自由，要么死去。

——《吸收性心智》第八章

儿童是如何获取独立的呢？靠的是持续不断的活动。儿童是怎么变得自由的？靠的是恒久的努力。任何生命都不会是静止不动的，独立也不是一种静止的状态，而是一场为了获得自由和力量不断去争取的持久战，必须坚持不懈，不断完善自己的能力，才能独立。

——《吸收性心智》八章

生命为盎然生机之最。只有通过活动，生命的完善才能追寻，才能获得。

——《吸收性心智》第八章

环境必须有丰富多彩的动机，以诱发儿童的活动兴趣，激励儿童亲身去体验。

——《吸收性心智》第八章

从惰性向工作转化！正像正常儿童的成长之路一样，这是一条治愈之路。这是新教育的基础，大自然颁布并建立了它。

——《吸收性心智》第八章

人类生而具有存在于吸收性心智的整体结构中的生命力量（贺尔美）。

——《吸收性心智》第八章

人类在出生时不会有预备好的行为，对儿童而言，问题不在于心智的觉醒，而在于心智的创造力。

——《吸收性心智》第九章

迈向独立的第一步，也可称作一种征服，就是使用感官。

——《吸收性心智》第九章

关心每个儿童内部的引导力量，并使之保持活跃，至关重要。

——《吸收性心智》第九章

儿童根据他所感受到的深刻印象，建构起内心深处的自我，在生命初期尤其如此。

——《吸收性心智》第九章

想要获得特定的心智能力，儿童必须与不断运用这些能力的人共处。他需要融入所处的团体才能习得他们的各种礼仪、习惯与风俗。

——《吸收性心智》第九章

“婴儿哭闹，变得无法安宁，时而尖叫或大发脾气，那是因为他正遭受心理饥饿之苦……”唯一的补救方法是把他从独处状态中解脱出来，让他参与社会生活。

——《吸收性心智》第九章

语言不仅使人们形成群体与民族，而且是人类有别于其他物种的关键。语言还是环境变化的根源，也就是我们所说的文明的根源。

——《吸收性心智》第十章

语言是一种围墙，它把一群特定的人围了起来，并将他与其他人区分开来。也许这就是“词”对人的思想有着神秘价值的原因，它比国籍更能使人团结。语言是人与人之间的纽带，他们所使用的语言是根据他们思想的需求分化和发展的。我们可以说，语言会随着人类思想的发展而发展。

——《吸收性心智》第十章

语言是自然而然发展出来的，如同一种自发的创造。同时，它的发展遵循着适宜于所有儿童的固定法则。

——《吸收性心智》第十章

语言学习始于无意识，并在无意识中发展、成型，然后才公开表现出来。当然，这都是某种机制活动的结果。

——《吸收性心智》第十章

儿童的语言发展并非逐字逐句地平缓进行，而是有我们发现心理学家所称的语言爆发现象。这种现象并不是老师引导产生的，而是没有明显理由地自发产生。

——《吸收性心智》第十章

无意识活动是儿童语言发展的准备阶段，然后无意识活动发展到有意识过程，而有意识过程又继承了无意识活动的全部成果。

——《吸收性心智》第十章

说话的能力是自然机制的产物，而不是由逻辑推理而得。

——《吸收性心智》第十一章

人与动物的区别，并不在于拥有语言本身，而是在于拥有能使人类创造自己语言的机制。

——《吸收性心智》第十一章

作为长辈，如果我们确实对晚辈衷心疼爱，就应该看重他们的成功，而不是他们那些所谓的缺陷。

——《吸收性心智》第十一章

心里有许多想法，想与别人交流，却苦于语言缺乏，无法表达意愿，这正是儿童生活中戏剧性的一刻，也是他第一次尝到失望。于是，他下意识地努力学习，独立探索，便取得了惊人的成功。

——《吸收性心智》第十一章

儿童在经历主动建构心理结构的阶段时，他会感受到内心深处一种强烈的冲动，渴望将逻辑上的混沌状态变得井然有序。

——《吸收性心智》第十一章

味觉瓶

儿童的内在有着庞大的财富等待开发，正常发展的儿童都能找到开发的途径，但必须历经诸多磨难。

——《吸收性心智》第十二章

对语言能力的追求是一段艰辛的历程，它能帮助儿童发展独立性，也可能潜伏着倒退的风险。

——《吸收性心智》第十二章

我们必须时刻注意，对待儿童时要尽可能地温和，避免暴力，因为我们很容易意识不到自己有多么粗暴与严厉。我们必须谨言慎行。教育的真正准备工作，是对自我的了解。

——《吸收性心智》第十二章

儿童寄希望于一个解释者。这个人会为他们打开探索世界的大门，并与他建立超越情感的亲密关系，这是因为给儿童提供帮助胜过提供慰藉。

——《吸收性心智》第十二章

我们理应挑起这副重担，以防止儿童人格的偏离和缺陷，避免因偏离和缺陷形成不健全的成人。为了避免此类现象发生，我们必须牢记：

（1）生命最初的两年影响终身；

（2）婴儿具有强大的心智能力，但没有得到应有的关注；

（3）儿童极其敏感，因此对任何粗暴的言行，都会产生即时的反抗，这些粗暴的言行可能导致其永久的缺陷。

——《吸收性心智》第十二章

神经系统由三大部分组成：大脑、感官和肌肉。动作是所有这些机制精密合作的结果。事实上，唯有通过动作，人格才能得以表现。

——《吸收性心智》第十三章

事实上，大脑、感官与肌肉所组成的这一套系统，通常被称为“交互系统”，意指通过这个系统，人得以与世界、生物和非生物，以及其他人保持联系。没有它的帮忙，人就无法与环境或同伴建立连接。

——《吸收性心智》第十三章

精神力量是一种财富，它们应该被广泛流传，并相互分享；它们必须得以表达、使用，以此来完善人类的社交圈。

——《吸收性心智》第十三章

唯有通过动作，才能达到更高的精神境界。

——《吸收性心智》第十三章

动作行为能增长思维与精神的发展，没有动作，就达不到心智的最大进步与最大程度的健康。

——《吸收性心智》第十三章

世界各地对儿童的观察证实，儿童利用运动来扩大他的理解能力。运动有助于心智的发展，心智的发展又会表现出新的动作和活动。因此，这实际上是一个循环，思想和运动是同一个实体的两个部分。

——《吸收性心智》第十三章

意志力是心智的最高表现形式之一。没有行使意志，精神生活几乎无法存在。

——《吸收性心智》第十三章

所有的动作都涉及某种错综复杂又精密的机制。但对人类而言，这些都不是与生俱来的。它是通过孩子在世界中的活动逐渐形成并完善的。

——《吸收性心智》第十三章

孩子有促成协调性的潜在能力，而且协调性一旦形成，便能通过练习继续加以完善。

——《吸收性心智》第十三章

任何人如果不工作，精神生活就会面临严重危机，因为尽管人确实不可能用到全部的肌肉能力，但如果对肌肉的使用低于某个限度，就会引起丧失相应能力的风险。

——《吸收性心智》第十三章

温觉板

缺乏心智的指挥，运动就会杂乱并产生危害。然而，运动对于一个人与周围环境产生连接以及与他人建立关系是至关重要的，因此，从这个意义上讲，必须发展运动。

——《吸收性心智》第十三章

要产生宇宙计划的远景，就得了解儿童的工作，并且更好地指引儿童。此宇宙计划就是各种形式的生命都受到动作的指引，动作的影响远超过生命有意识的目标。

——《吸收性心智》第十三章

人的手与灵魂直接相连。这里所指的灵魂，不仅包括个体灵魂，也包括整个人类的灵魂，以及全人类穿越时间和空间所吸纳的所有生命形式。人类双手的技能与心智的发展息息相关。纵观历史，双手的作用关系到文明的发展。

——《吸收性心智》第十四章

假如人类只能通过口头语言来交流思想，只能以此传播智慧，那么过去的时代就不会留下任何遗迹。好在我们还有双手来表达心智，文明才得以崛起。双手这一器官是上天赐予我们最好的礼物。

——《吸收性心智》第十四章

孩子第一个动作迹象，是努力抓握或拿取东西。直到抓取动作发生时，婴儿才注意到自己的双手有这个能力。起初的抓握是无意识的，然后逐渐发展成有意识的。通过对孩子的观察，我们发现，最先引起孩子注意的是他的手，而不是脚。一旦他开始注意到自己的手，抓握的动作便迅速发展，从原先的本能动作，转变为自主行为。

——《吸收性心智》第十四章

人类通过付诸努力达到自身的独立。

——《吸收性心智》第十四章

儿童必须先做好自我准备，并且准备好身体器官，接着变强壮，再观察他人，最后才能开始独立做自己的事。

——《吸收性心智》第十四章

美德的习得，有赖于成人的榜样。

——《吸收性心智》第十五章

在教育领域中，自然启示我们，模仿需要有所准备。

——《吸收性心智》第十五章

温觉瓶

我们的整个生活，都是间接在为未来做准备。

——《吸收性心智》第十五章

孩子有自己发展的法则，如果我们想帮助他成长，就必须依循他的法则，而不是将我们自己的强加在他们身上。

——《吸收性心智》第十五章

教育的道路，应当遵循演化的道路，不断探索更广阔的视野。这样，儿童的生命才会日渐丰富。

——《吸收性心智》第十五章

三岁就像生命的另一个起点。因为意识闪耀着光芒，近乎发展完善。在无意识阶段与紧随其后的有意识发展阶段之间，似乎有着一条明显的界限。在无意识阶段，有意识的记忆不可能存在。唯有在产生意识后，我们才能形成人格的统一，才能获得记忆的能力。

——《吸收性心智》第十六章

从三岁到六岁，儿童开始谨慎地、有意识地应对环境，他开始了真正的建构阶段。他之前创造的隐藏能力开始显现，正是由于这些有意识的体验，孩子才能在世界上找到自我。

——《吸收性心智》第十六章

手成了“心智的抓握器官”。过去，儿童被成人带着，靠双眼观察和吸收周围的世界，而现在他总是情不自禁地什么都想碰触，并且在每一样东西上稍作停留。

——《吸收性心智》第十六章

儿童一旦置身于符合他身体大小的环境，就会立刻去支配它。社会生活与性格的养成，也就自然衍生。

——《吸收性心智》第十六章

一个人应当具有独立的能力与性格，应当能够工作，并驾驭一切依附于他的东西。这是意识萌芽开始起操控作用时，儿童本身给予我们的启示。

——《吸收性心智》第十六章

当孩子发现自己置身在真实生活的情境中，有各种为他们量身打造，尺寸合适的真实的设备可以使用时，就会有许多意想不到的活动被激发。

——《吸收性心智》第十七章

无握扭圆柱体

我们从其他经验得知，轻松的书写能力，并不只是对敏感期的利用，也有赖于儿童在更早的阶段中的各种预备性的活动，比如他的双手忙于操作我们精心准备的教具从而对感官区辨力进行了练习。因此，我们的教学方法中又多了一个新的理念："间接准备"。

——《吸收性心智》第十七章

三岁到六岁儿童的心智，不仅足以让他看到事物间的关系，还可让他在内心中想象那些无法直接看到的东西。

——《吸收性心智》第十七章

大家都知道儿童是多么好奇，而且我们常会觉得被他们的问题炸得头昏。但如果我们不把它当成一种折磨，而把它看成是儿童心智里渴望求知的表现，我们便会眼界大开。

——《吸收性心智》第十七章

我们必须了解儿童是如何发展的，并且必须摒弃先入为主的观念。要理解三到六岁儿童的心智，需要敏锐的头脑，而这往往是成人所缺的。

——《吸收性心智》第十七章

儿童行事的方法，一直是我们不竭的灵感泉源。

——《吸收性心智》第十七章

通过大量的案例，我们发现，儿童不仅需要做一些有趣的事，而且也喜欢别人明确告诉他如何去做。他追求精确，而正是这种精确性，让他孜孜不倦地工作。

——《吸收性心智》第十七章

儿童的反复动作，是其神经系统中形成的一个全新的控制体系，换言之，能建立肌肉之间新的协调的这种能力并非与生俱有，而是后天获得的。

——《吸收性心智》第十七章

外在目标只是一种刺激，真正的目标是满足一种无意识的需求，这正是儿童的操作具有可塑性的原因。

——《吸收性心智》第十七章

感官是我们接触环境的媒介，而心智则可以从感官所在的环境中索取并在此过程中获得熟练的技巧。正如钢琴家能够在同一组琴键上弹奏很多美妙的旋律一样。

——《吸收性心智》第十七章

作为世界的探索者，感官开启了知识的道路。我们的感官教具为儿童提供了探索世界的钥匙，它如同一道光芒让孩子眼前的许多事物清晰明了地呈现，比在黑暗的、未开化的迷雾中摸索更能认知和学习事物。

——《吸收性心智》第十七章

人类心智的精准性是与生俱来的，知识和进步均来自精确的观察。

——《吸收性心智》第十七章

首先我们要确保我们的行动是有真正的目标的，而完成行动的确切方式就是给孩子以支持，使孩子得以全力以赴，从而使他在发展的过程中有所进步。

——《吸收性心智》第十七章

秩序与精确性是儿童在学校自发学习的关键。

——《吸收性心智》第十七章

想象及精神的印象，都是通过指导思想的运算能力来擒获和加以明晰的。

——《吸收性心智》第十七章

既然无法自然延续，人类只有逐渐演化为社会群体的形式存在。新生儿需要具备创造的能力，以适应他们出生的社会环境。这是儿童真正存在的生理功能，正因为这样社会才得以进步。

——《吸收性心智》第十七章

性格的发展是儿童自身努力的一个自然历程，与外部的因素无关，靠的是孩子蓬勃的创造力量，以及他在日常生活中遭遇并克服的阻碍。

——《吸收性心智》第十八章

我们唯有保障当前，才能服务于未来。前一阶段准备得越充分、完成得越好，后一阶段的成功就越顺利。

——《吸收性心智》第十八章

性格中的一切缺陷，都是儿童在早期生活中遭到不当对待而致。

——《吸收性心智》第十八章

人是智慧的生物，需要精神食粮更甚于食物。人不同于动物，他必须建构自己的行为。如果为儿童安置一条他可以自我安排和构建精神生活的道路，则一切都会顺利安好。他的困扰会消失，恐惧不再出现，消化能力变得正常，贪心的心理得到抑制。

——《吸收性心智》第十八章

有纪律的自由似乎解决了一个一直以来未解的难题。那就是要通过给予自由来获得纪律。这些在自由中寻找工作的孩子，他们承担着不同的任务，但都在自己的群体内活动，呈现出完美的守纪律的景象。

——《吸收性心智》第十九章

人类是一个统一的整体，这种统一的实现是在自然法则的引导下通过现实世界的各种经历逐渐形成的。

——《吸收性心智》第十九章

叶形图橱

相反，真正的自由是一种发展的结果，是在教育的辅助之下，潜在向导的发展。发展是主动的。它是人格的建构，通过每个人的努力和个人经验达成，是每一个孩子走向成熟必经的漫长道路。

——《吸收性心智》第十九章

儿童通过“专注”于某项工作得以正常化。为了达到正常化，我们必须给儿童提供能让他们感兴趣和专注的“活动动机”。他们需要为了达到目标而去使用物品。这有助于建构儿童的“心理秩序”。

——《吸收性心智》第十九章

只有在环境协助下的“正常化”儿童，才能在他们往后的发展中，显现出我们所描述的那些奇妙的能力：自发地守纪、持久而快乐地工作、乐于助人并富有同理心的社会情操。

——《吸收性心智》第十九章

仅仅提供随意选择的物品来帮助儿童的发展是不够的，我们还必须为儿童安排一个“积极进取”的外界环境。最终结果是基于婴幼儿发展心理学得出的教育技巧。

——《吸收性心智》第十九章

“给予适当的工作是很重要的。心智需要持续不断地工作。精神发展的目的旨在使其永远不停地从事健康的工作。邪恶会入侵怠惰的心智。一个懒惰的人不可能具有崇高的精神。”

——《吸收性心智》第十九章

工作是看得见的爱。

——《吸收性心智》第十九章

无人能把组成性格的特质“教”给儿童。我们能够做的是让教育立足于科学的基础，让儿童能够有效地工作，不受干扰与阻碍。

——《吸收性心智》第二十章

完美的境界之所以吸引他们，是因为那是他们的天性所在。他们追求完美并不是牺牲，反而是满足他们内心深处的渴求。

——《吸收性心智》第二十章

教育革新将社会筑起的许多围墙与屏障推倒，让自由的地平线重现。这场新型教育的革命，是一场非暴力革命。如果这场革命胜利，那么暴力革命将永不可能发生。

——《吸收性心智》第二十章

孩子们表现出的专注，让我们看到了儿童心理中的新东西。它展示了自然如何带来性格的形成。她的方法是给孩子特殊的、浓厚的兴趣，吸引儿童从事人格发展各方面所必需的创造性工作。

——《吸收性心智》第二十一章

靠说教是不可能改变孩子的破坏欲的。当一个孩子想要独自占有物品，而我们尝试晓之以理或动之以情的办法，可能会起到一时的作用，但很快他又会故技重施。唯有专注的工作能带来爱与知识，引起转变，让原本就藏在内心的高尚人格显现出来。

——《吸收性心智》第二十一章

我们可以说，当智能层面的兴趣支配占有欲的时候，它就已经提升到了较高的水准，并会引导孩子追求知识。在这样高层次兴趣的引导下，孩子对他人的关爱与照顾将会取代占有欲。

——《吸收性心智》第二十一章

追求最好是人的天性。人想方设法理解生命，在此基础上对生命加以保护和改善，最终用智慧帮助其他生灵。

——《吸收性心智》第二十一章

儿童是人类的精神建设者，任何阻挡儿童自由发展的障碍，都可以说是禁锢人类心灵的围墙。

——《吸收性心智》第二十一章

专注力是影响儿童发展的首要因素，它是儿童性格和社会行为养成的基础。

——《吸收性心智》第二十二章

当只有一个物品，别人在使用时，另一个想要的孩子，如果他是正常化的儿童，就会等待别人用完再用。重要的社会性特质将由此衍生。

——《吸收性心智》第二十二章

研究这些儿童的行为和他们在自由的氛围中的相互关系，社会的真正秘密就被揭示出来了。这些事实是如此微妙和精致，以至于需要一个“精神显微镜”来观察。儿童的兴趣是巨大的，他向我们展示了人的真实本性。

——《吸收性心智》第二十二章

人类发展史上最伟大的进步，就是社会开始帮助弱小与贫苦，而不是压迫、歧视他们。

——《吸收性心智》第二十二章

社会并不依附个人的愿望，而是由相互协调的各种活动组成。孩子从经验中，又发展出忍耐的美德。这是一种通过抑制的方法而产生的对冲动的否定。

——《吸收性心智》第二十二章

儿童间具有明显的团体意识。这种意识有赖于崇高的情感，并能创造班级的团结。

——《吸收性心智》第二十二章

儿童之间的团结，源于自发的需求，受到无意识力量的引导，并由社会精神激活，这种现象需要一个名称，我称之为“社会凝聚力”。

——《吸收性心智》第二十三章

自然为个人人格和社会生活分别建构了蓝图，但只有当孩子们处于有利于其完善自我的环境中进行活动时，这个计划才能实现。

——《吸收性心智》第二十三章

我们决不能把这种自然社会凝聚力与支配人类命运的成人社会的组织混为一谈。自然社会凝聚力只是儿童展现天性的最后一个阶段，是社会萌芽最宝贵和神秘的产物。

——《吸收性心智》第二十三章

人类社会的最终形态是以组织的形式为基础。

——《吸收性心智》第二十三章

侦探形容词

当我们让婴幼儿顺其自然发展，并且去发现他从看不见的造物根源中建构出成为一个成人的特质时，我们便能了解到个人与社会力量的奥秘所在。

——《吸收性心智》第二十三章

教育的伟大任务必须是确保并且维护个体的正常化，并使他自然地趋向完美的中心。

——《吸收性心智》第二十三章

在孩子的内心深处，蕴藏着有着道德和知识价值的丰富资源，这些资源足以将整个世界提升到更高层次。

——《吸收性心智》第二十三章

我们当今的学校无法帮助孩子的创造性本能，他们在自己身上感受到真正的快乐，一种真正的努力工作、发现工作之美、安抚不悦和帮助弱者的快乐。

——《吸收性心智》第二十三章

孩子在 3 到 6 岁之间所获得的成就并不依赖于说教，而是依靠神圣的指引，引领他的精神进行建构。此乃人类行为的根源，它们只有在自由和井然有序的环境中方能得到发展。

——《吸收性心智》第二十三章

像我们这样致力于保护孩子的自发性，旨在帮助孩子获得自由的学校，任何奖励和惩罚都没有容身之所。而且，对于能够自由选择工作的孩子来说，赏罚也根本就无足轻重。

——《吸收性心智》第二十三章

我们应当培养一种友好对待错误的感觉，把错误当作是我们生命中不可分割的伴侣，把它当作是有某种目的的事情，事实亦是如此。

——《吸收性心智》第二十三章

“错误控制”是一个指标，它能让我们知道自己是直奔目标还是偏离了目标。

——《吸收性心智》第二十三章

错误将我们拉得更近，使得我们成为更好的朋友。友爱更易于在错误的道路上产生，而非在完美的道路上产生。一个“完美的人”是无法改变的。如果两个“完美的人”在一起，他们就不可避免地要争吵，因为他们谁也无法理解对方，谁也不能容忍任何的差异。

——《吸收性心智》第二十三章

音感钟

孩子想要把事情做得更好的兴致，以及他不断进行的检视和实验，对他来说都极为重要，这能确保他持续进步。他的天性趋向于精确，而达到精确的方式非常吸引他。

——《吸收性心智》第二十三章

错误将人群分开，但纠正错误是团结大家的方式。无论错误是在哪里发现的，最终纠正错误都变成大家共同关心的事情。错误本身也变得很有趣了。错误变身成为一种连接，它连接了孩子与成人，成为孩子与成人之间友谊的纽带。在一个成年人身上去发现一些小错误并不会导致孩子对成年人缺乏尊重或者成年人的尊严的丢失。错误变得不带个人色彩，因而易于控制。

——《吸收性心智》第二十三章

我们正在了解不把意志力看作是天生拥有的东西，而是需要后天发展起来的东西，并且由于它是天性的一部分，这种发展也唯有在遵循自然法则的前提下才能发生。

——《吸收性心智》第二十五章

意志力并不会导致无序或暴乱。这些都是情绪紊乱和痛苦的征兆。在适宜的情况下，意志力是推动有益于生命活动的力量。自然赋予孩子成长的任务，而孩子的意志力引导他进步并且发展自己的力量。

——《吸收性心智》第二十五章

我们的孩子自发地选择他们的工作，并通过重复他们所选择的工作来发展自己行为的意识。

——《吸收性心智》第二十五章

普通教育中最常见的偏见就是所有的事情都可以通过言传（也就是吸引孩子的耳朵）或者身教（吸引孩子的眼睛）来完成，但事实是人格只能通过利用自己的力量得到发展。

——《吸收性心智》第二十五章

意志力和服从息息相关，从这点上来说，意志力是发展的首要基础，服从是在此基础上的后一个阶段。“服从”一词远远超出我们通常所赋予的含义。

——《吸收性心智》第二十五章

服从的发展，与孩子性格中其他方面的发展方式雷同。起初仅仅是由于贺尔美的支配，而后提升到意识水平，然后一步步持续发展，直到处于有意识的意志力控制之下。

——《吸收性心智》第二十五章

在三岁之前，孩子无法服从，除非他所接收的指令与他的生命之驱动相符。这是因为他还没有完整地形成自己，他还在忙于无意识地建构自己的人格所需的机制。由于这些机制尚未巩固，因而还无法听从他的意愿，并由他有意识地加以引导。一旦能够掌控这些机制，也就意味着孩子已经达到一个新的发展层次。

——《吸收性心智》第二十五章

只有在场的所有人都乐意时，才可能达到完全的安静。因此，成功取决于意识和统一的行动。社会团结的意识正是来自于此。

——《吸收性心智》第二十五章

服从能力是意志力发展的最终阶段，意志力使服从成为可能。我们的孩子在这方面层次很高，无论老师的要求可能是什么，孩子都能立刻服从。

——《吸收性心智》第二十五章

孩子必须能够自由地选择他们的活动，而且他们的自发性活动绝对不能被打断。不能强加工作——不应威胁、不应奖励、不应惩罚。教师必须是安静的、被动的，能够耐心等待，尽可能地将自己从现场抽离，淡化自己本身的人格对孩子的影响，从而让孩子的精神有充分扩展的余地。教师拿出了大量的教具，几乎是所有的，然而这样并没有减少无序，反而使得更加混乱。

——《吸收性心智》第二十六章

教师的幸福任务就是要为孩子指引通向完美的道路，提供方法，移除障碍，从自己能够做到的开始着手（因为教师也可能会成为其中最大的障碍）。

——《吸收性心智》第二十六章

这便是教育的起点。如果教师不能够意识到纯粹的冲动与自发能量（能够迅速使生命获得宁静的能量）之间的区别，那么她的行为将会一无所获。教师效率的真正基础在于能够区分这两种活动的类型。

——《吸收性心智》第二十六章

我们并不要求去一一矫正孩子的基本偏离的征兆，一旦需要将心智全部专注在真实事物上的时候，心智便会恢复健康状态，并且重新开始正常运作。

——《吸收性心智》第二十六章

坚定而有力的呼唤，是帮助这些幼小心灵的唯一真正善举。不要害怕摧毁邪恶，我们害怕破坏的是良善。

——《吸收性心智》第二十六章

平和、坚定、耐心的赞扬或敦促孩子的声音，是深入孩子内心的。

——《吸收性心智》第二十六章

教师必须发挥两个功能：她必须督导全班孩子，还得给孩子进行一对一的指导。也就是说，她必须有规律地示范教具，示范其正确的使用方法。

——《吸收性心智》第二十六章

重量板

自由选择是心智活动的最高层次之一。只有孩子深刻意识到自己练习以及精神生活发展的需要，我们才能说孩子做到了自由选择。

——《吸收性心智》第二十六章

一个还不能服从内在导师的孩子，并不是一个能够沿着狭长的道路走向完美的自由个体。他还是一个受环境支配的表面有知觉的奴隶。他的精神就像一个球一样蹦来蹦去。当他的灵魂开始意识到自己，当灵魂开始给他布置任务，找到方法并懂得选择的时候，其人之为人的特质才在他的内心诞生。

——《吸收性心智》第二十六章

当孩子的注意力一旦被所选择的事物所吸引，当他全身心地专注于重复练习的时候，孩子便是就我们所说的精神安全而言的被救赎的灵魂。

——《吸收性心智》第二十六章

儿童简单地采用一种深度清静的态度，这使他的内心深处形成了一种坚强而平和的性格，并且向他周围的人传递出爱。从这种态度中产生出的自我牺牲、规律的工作、服从，以及犹如从岩床涌出的清泉一样的生命之喜乐给附近的人也带来了欢乐与帮助。

——《吸收性心智》第二十六章

使得孩子维护自身精神隐私的本能——他们对内部听到的神秘之声的服从——也正是引导他们将工作成果呈现给外界权威的本能，以此确保自己遵循正确的道路。

——《吸收性心智》第二十六章

这就是纪律形成的阶段：当工作被完善并且成果丰硕之时，一种主动的和平、服从以及爱的形式就呈现出来，如同春天五彩斑斓的花朵正孕育着香甜滋养的果实。

——《吸收性心智》第二十六章

导师所做的事情通常包括三方面：第一阶段，教师要成为环境的守卫；第二阶段，在考虑了环境后，我们必须考量教师如何对待孩子；最后，第三阶段，孩子开始对某件事感兴趣。

——《吸收性心智》第二十七章

在专注显现之前，教师在第一阶段必须像火焰一样用温暖振奋孩子，更欢迎孩子，使孩子更有生气。不必担心她可能会妨碍某些重要的心理过程，因为这些都还尚未开始。

——《吸收性心智》第二十七章

当孩子开始展现出对其中一项活动的兴趣时，教师不应打断，因为这种兴趣是顺应自然法则的，并且会开启一轮新的活动的循环。然而，第一步是如此的脆弱，如此微妙，仅仅是轻轻的一个触摸便会让其再度消失，就像一个肥皂泡一般，带着美丽瞬间消逝。

——《吸收性心智》第二十七章

棕色梯

赞扬、帮助，即使是一瞥，都足以打断他，或者破坏其活动。听起来似乎有点奇怪，但是孩子仅仅是因为意识到有人在看，便会终止活动。毕竟，当有人来看我们在做什么的时候，我们自己有时也会感觉无法继续下去。

——《吸收性心智》第二十七章

给教师带来成功的要诀就是：一旦专注开始，我们就需要当孩子不存在一样。我们可以很自然地快速一瞥孩子在做什么，但不能让孩子察觉到。

——《吸收性心智》第二十七章

教师正在服务的是孩子的精神；当孩子的精神展现出其需求时，教师必须立即回应。

——《吸收性心智》第二十七章

在教师与孩子关系的心理层面，教师的作用以及其采用的技巧类似于提供服务的人；他们应该去尽心服务：服务于孩子的精神。

——《吸收性心智》第二十七章

在孩子的这些特质中，导师看到了孩子注定要成为的人：一个工作者孜孜不倦是因为其驱动力正是恒久的热情。她看到一个人之所以能够全力以赴，是因为其不变的志向就是要超越困难；他是一个真正努力帮助弱小的人，因为在其内心存在着真正的慈爱，他了解尊重他人的含义，了解、尊重一个人的精神劳动，这是滋养灵魂之根的源泉。

——《吸收性心智》第二十七章

爱有两个层次。通常，当我们说到对孩子的爱的时候，我们所指的是关心孩子，是对那些我们所了解的并且能够唤起我们柔情的人的爱抚和深情，如果有种精神关系把我们与他们联系起来，我们就是通过教他们祈祷来表示这一关系的。

——《吸收性心智》第二十七章

这里所说的公正，就是为使每个人的精神达到最佳状态而提供必要的帮助，为每一个年龄阶段的孩子的精神服务意味着帮助那些正在发生作用以产生这一精神境界的力量。

——《吸收性心智》第二十七章

教师服务孩子，也就是服务于生命；在她帮助自然的过程中，就会提升到下一个阶段，也就是超越自然的阶段，因为往上提升乃是生命的法则。正是孩子使得这座阶梯向上攀升得更高。自然的法则便是秩序，当秩序产生，我们便知道我们又重新进入了宇宙的秩序之中。

——《吸收性心智》第二十七章

孩子是唯一可以从每个人那里汇集善意和爱的节点。当一个人谈到孩子的时候，人们的灵魂就会变得柔和，甜蜜；整个人类都分享着因孩子而唤醒的深厚情感。孩子乃是爱的源泉。无论何时，只要我们接触到孩子，我们便能接触到爱。

——《吸收性心智》第二十八章

剪的工作

尽管我们的种族、宗教、社会地位各有不同，当我们讨论到孩子的时候，我们却能感受到我们之间所产生的兄弟之情。它征服了我们的羞怯，消除了人与人之间、团体与团体之间在日常事务中所产生的防卫之心。

——《吸收性心智》第二十八章

在孩子的怀疑逐渐消失的临界点，我们也变得甜美与友善，因为，当我们聚集在他们左右时，我们能够感觉到生命的火焰的温暖，而这就是生命的根源。

——《吸收性心智》第二十八章

我们不仅仅将爱看作是想象或者渴求的，而且是任何事物都无法摧毁的现实存在着的永恒能量。

——《吸收性心智》第二十八章

吸收性心智迎接一切，对一切满怀希望，对贫富一视同仁，当地人的宗教、风俗习惯和见解，都被肉身化。

——《吸收性心智》第二十八章

吸收性心智奠定了人类社会的基础。透过儿童稚嫩无邪的面庞，我们看到了它。儿童用爱解决了人类命运神秘的诸多困境。

——《吸收性心智》第二十八章

在人们心目中充满对爱的赞颂，但实际上，它对我们来说只是极复杂的宇宙力量的一部分。这种力量，我们可以称之为“吸引力”和“亲和力”，它统辖世界，使星球保持在轨道上运行，使原子结合成新的物质，将万物吸附在地球表面。

——《吸收性心智》第二十八章

年轻一代的每个个体都须受到照顾和保护，我们必须为此献身，直到他们不再需要帮助。

——《吸收性心智》第二十八章

为了某个特定的目的，也因某个特定的原因，人类获得了爱这个礼物。宇宙意识萌发生命并提供一切条件滋养生命，这也是爱的体现。我们应当竭尽可能地去珍惜，让爱壮大，将其发扬光大。

——《吸收性心智》第二十八章

在所有生物中，只有人类才能使爱的能量逐步升华，并不断发展壮大。人类有着使命去珍视爱。爱使整个宇宙结合在一起，因为它是一股真实的力量，而不仅是一种理念。

——《吸收性心智》第二十八章

爱，比黑夜的电光更能照亮黑暗，比穿越宇宙的无线电波更能传达我们的声音，比人类发现并使用的任何能量更强大。万物之中，爱最为有力。

——《吸收性心智》第二十八章

第四部分

了解孩子

教育是生命的助力，保护着我们的生命。教育要遵循自然发展的法则，来帮助生命。

——《了解孩子》第一章

如果说教育是生命的助力，那么教育就存在两个必然。第一，教育一定是在生命开始的时候便开始进行；第二，教育应该建立一个与以往教育截然不同的机制：教育不能再局限在至今为止的“老师教、学生听”的这种模式。

——《了解孩子》第一章

仅仅满足儿童的生理需求是不够的，最重要的是帮助儿童自助。

——《了解孩子》第二章

帮助孩子自己做事情，就是帮助孩子独立。

——《了解孩子》第三章

只有帮助孩子自助，才能培养他的独立性。

——《了解孩子》第三章

教育的全部问题就是给予儿童必要的帮助，排除所有不必要的帮助，以便帮助儿童自我发展。

——《了解孩子》第三章

大自然一条最真实、最伟大的法则是：孩子造就了成人。孩子是成人之父。

——《了解孩子》第四章

减法长条板

自然发展的法则，需要我们去观察、了解并顺从。应赋予儿童在自然发展规律中发展的自由。

——《了解孩子》第四章

孩子的精神生活并不是突然出现的。孩子在出生之前就已出现某种形式的精神生活。

——《了解孩子》第五章

教育的重点是如何提供适当的环境与设施来帮助孩子各阶段的发展。

——《了解孩子》第五章

在出生的第一年，孩子成长为一个懂得如何指导自己、如何思考与识别物体、如何说话和走路的人。在第二年，孩子进一步增强了自己的能力，并加强了对环境的掌握。第三年，在孩子来到儿童之家之前，孩子巩固了他在前几年所取得的一切成果。

——《了解孩子》第六章

这个阶段的心智发展过程是一个觉醒的过程，孩子的感官需要外界的刺激来启发。光线、声音、味觉、触觉等构成（感知）的整体形象，吸引着孩子的注意力，并让孩子想主动去探索。

——《了解孩子》第七章

孩子需要外出跟人接触和谈话并进行社交生活，因为这是孩子与外部世界沟通的非常重要的一部分。

——《了解孩子》第七章

人们发现大脑中有两个与语言有关的中心。一个是大脑中记录口语的接收中心，另一个是我们说话时正在运作的运动中心。这两个独立中心的存在展现了接收中心记录的单词与从运动中心发出的单词数量的反差。

——《了解孩子》第八章

孩子的语言发展并不是循序渐进的，可能在发展一小部分后中途停止，然后突然又出现快速飞跃。

——《了解孩子》第八章

有股神秘的力量，让每个孩子都循着一定的发展顺序，并且会自发地、特别用心地注意着身边所有可以形成语言的任何声音。

——《了解孩子》第八章

幸运的是对于人类来说，孩子拥有一种成年人所不具备的神奇力量，他们能够从环境中吸收和掌握语言，并以环境为媒介满足他生命前几年表达自己想法和接纳他人想法的需要。

——《了解孩子》第八章

孩子以他天生特有的能力掌握了一门语言，为他自己的一生打下很好的基础，也为人类的进步建立了良好的架构。

——《了解孩子》第八章

在每一个发展阶段，我们都被赋予了特殊的敏感性；我们也受制于一些特定的变化，这些变化就类似于我们可以看见的身体成长带来的变化。

——《了解孩子》第九章

当孩子处于敏感期时，他就像燃烧的火焰，疯狂地学习和吸收帮助自己发展的东西。当敏感期结束时，就像火焰熄灭了一样。

——《了解孩子》第九章

孩子吸收性心智的能力并不局限在语言的学习上，它可以延伸到所有跟人类、种族、社会有关的心智、道德各方面的学习，以及像爱国、宗教、社会习俗、技术倾向、个人偏见等跟人性有关的许多事项上。

——《了解孩子》第九章

迈向发展之路，也就是迈向自由之路。

——《了解孩子》第十章

学校教育的目的，就是要纠正那些违背人类天性的错误。

——《了解孩子》第十章

教育的目的在于预防缺陷和过失，或者说尽早消除其产生的可能性。

——《了解孩子》第十章

每一个较早的时期都比后期更重要，为孩子的发展建立更好的基础，我们必须得回到孩子两岁、一岁，甚至是刚出生的时候。根据他在每一个发展阶段的特殊需要，给他适当的照顾与关怀，这样才能将孩子从“监牢或荒漠”中解救出来。孩子的智慧将成为一种巨大的能量，实际上是世界上最大的能量。

——《了解孩子》第十章

对儿童进步的帮助，与文明的进步是一致的，必须通过深入了解儿童的力量和探索儿童的秘密来实现。与其他创造力相比，人类最令人惊讶的力量是人类对不断变化的环境的适应能力，通过给予儿童必要的帮助，才能帮助人类文明的向前发展。

——《了解孩子》第十一章

我们可以隐喻地说传统的教育方法是老师站在孩子面前，不允许孩子的学习超出老师为他设定的范围；而我们的教育理念，则是老师在孩子身后，鼓励孩子尽其所能地前进和学习。

——《了解孩子》第十一章

现今教育的首要任务，就是要让孩子的学习潜力发挥出来，同时要移除孩子在发挥他的能力时，大人所给予的阻碍。

——《了解孩子》第十一章

我们必须超越自然。人可以超越自然，当人管理和利用自然的力量时，他就凌驾于自然之上。

——《了解孩子》第十一章

人类的智力可以透过语言来展现。没有语言就没有进步。文明的进步不是靠某个人，而是靠整个社会的努力。

——《了解孩子》第十一章

儿童是人类发展的关键。所以，我们一定要给儿童所有他需要的帮助，让他有条件与生活环境进行密切的互动，让他的大脑和神经肌肉系统得到足够的刺激，这样他的智力和意志力才能得以充分发挥。

——《了解孩子》第十一章

人类无限的潜能让世代不断地进步，这种潜能蕴藏在孩子的身上。小小身躯，潜力无穷，对于世界所带来的影响，有着如同核弹爆发的威力。

——《了解孩子》第十一章

人类大脑的力量统领和引导着被其所用的各种物质和能量，所以只要引导、帮助孩子的脑力充分发展，孩子就能带领世界文明无止境地往前发展。

——《了解孩子》第十一章

检验教育方法是否正确的一种办法是看孩子快不快乐，对于孩子来说，“成长”本身就是最快乐的一件事。而孩子的成长，是通过各种各样的活动带来的，只要这些活动能符合孩子发展，就能为他带来无比的快乐。

——《了解孩子》第十二章

心智应遵循基本原则，即是从现实中吸收符合各阶段发展要求的事物。接触真实事物的经验，累积成一个人的知识，而这种经验，也是心理成长与心理健康的基础。

——《了解孩子》第十三章

教育的任务，是要让孩子在每一个发展阶段都能获得他发展上所需要的帮助。

——《了解孩子》第十三章

真正的想象力是形成人类智慧非常重要的一部分；但是虚假的想象力则是由头脑的无序活动构成的。

——《了解孩子》第十三章

当一个人的心绪处于纷乱的状态时，很容易脱离现实，分不清虚幻与真实。在与环境接触时，破坏物品或乱摆乱放。事实上，强势儿童的特征之一就是容易生气，他们没有组织好自己的思想和行动。纷乱的心绪，纷乱的活动和易怒的脾气紧密联系。

——《了解孩子》第十三章

孩子要有正常的心理发展，就得远离虚幻、古怪、不切实际的东西。唯有与外在世界和谐共处，孩子才可能成为头脑清楚、沉静自若及心理健康的人。

——《了解孩子》第十三章

人的心智不能与现实脱节，因为这种现实，是心理健康发展的基础。我们儿童之家的设计，特别注意让孩子在与现实密切接触之下，以达到生理和心理活动的协调发展。

——《了解孩子》第十三章

孩子在某个生命阶段，他的心智就像照相机的底片一样敏感，吸收着环境里的事物，可以记录下所有的场景与细节。这是我们可以想出来的最贴切的描述方式了。

同样，孩子的心理必须保持平静、不受干扰，这样他的思绪才能清明，就像液化了的玻璃，要凝固成一个形状完美的水晶球，就必须不被干扰，让其保持静止不动。

——《了解孩子》第十四章

要压抑孩子是轻而易举的，但是要为孩子准备一个让他正常发展的环境并不容易。心理健康和心理发展必须要避免复杂化，并保证为孩子每一阶段和每一方面的全力发展做好充分的准备和规划。

——《了解孩子》第十四章

思想永远比处理事件本身更重要。

——《了解孩子》第十四章

孩子两岁半以前，几乎全心全意地在发展他自己的人格，即使跟同年纪的孩子在一起，他也很少跟人沟通。过了两岁半，他才开始对其他人产生兴趣，开始跟人交往。

——《了解孩子》第十五章

孩子两岁半到三岁之间的教育要为进入儿童之家做准备，建议从两个方面入手：首先，通过帮助孩子接受来看望他的人，帮助他学会呼喊身边熟悉的人，由此建立和发展孩子的社交生活；另外应加强孩子对周围环境的探索和观察，可以带孩子进行较远距离的散步。

——《了解孩子》第十五章

预见或参与、准备未来的事情，会让孩子对未来充满憧憬和期待，这种对即将发生的事提前做准备，不仅让孩子感受到参与的快乐，也可以帮助他对即将发生的事有更深入的了解。

——《了解孩子》第十五章

八大行星三段卡

带孩子去散步的最基本原则是：不是大人带着孩子去散步，而是孩子带大人去散步，大人只是陪着孩子去而已。

——《了解孩子》第十五章

允许孩子自由地观察、探索、了解并帮助孩子发展他的兴趣，是对孩子的一种尊重，也是父母之爱的极致表现。

——《了解孩子》第十五章

真正的知识要直接依据事实而来。每一个发展阶段的进展，都要回归自然法则，去检验和验证一下所获得知识的真实性。

——《了解孩子》第十五章

满足儿童不同阶段的发展需求是社会应尽的责任。只有这样，孩子的发展乃至于人类社会的发展才能稳步向前。

——《了解孩子》第十五章

在儿童之家里，我们允许孩子向前迈步，让孩子来带领我们。从他许多的惊奇与发现当中，我们知道了他的兴趣所在，然后去帮助他，满足他的需要。

——《了解孩子》第十五章

处于语言敏感期的孩子对文字如饥似渴，这时候让孩子学习与现实有关的文字，比学习虚幻、抽象的字眼要好。这样孩子才能从所接触的事物当中，建立科学思考的头脑。

——《了解孩子》第十六章

我们作为教育者，必须深刻认知到大自然赋予了孩子喜欢玩的天性，以此帮助孩子发展。我们应留意，为了工作而投身工作的初心，做一件事时的坚韧以及为了从工作中获得才能而经受的不断重复。

——《了解孩子》第十六章

我们发现儿童在一段特殊时期存在自然的冲动。然而这些日常生活的练习不仅具有实际目标，也是适应环境的工作。这种对环境的适应和其中的有效运作是教育的本质。

——《了解孩子》第十六章

用来传达思想的声音和文字的发现，是人类最伟大的发现之一。

——《了解孩子》第十七章

口头语言的发展和形成是一个伟大的奇迹，而书面语言的发明更是了不得。这是人类最早的成就之一，首度超越了大自然的力量和可能性。人终于凌驾于大自然之上，并从此展开与大自然漫长而荣耀的竞争，这是纯粹由人的努力而获得的一项胜利。

——《了解孩子》第十七章

早期教育取决于人们自愿，义务教育的出现为国家发展扫除了障碍，打开了人类历史的新篇章。

——《了解孩子》第十七章

教育的目的，就在于努力帮孩子降低他身上的压力，让他从适应生活环境的过程中找到快乐。

——《了解孩子》第十七章

大自然的万事万物，各有其发展的法则和近乎完美的生存形式。地球上任一物种的单独个体，冥冥之中被一股自然之力指引，都朝着它适合的形式成长，完成大自然安排的使命。

——《了解孩子》第十八章

大自然当中的每一种动物、每一件事，都以它特有的形式存在，都各自肩负着为地球福祉做出贡献的神圣使命。

——《了解孩子》第十八章

不管是地里打洞的蚯蚓，还是飞来飞去采集花蜜的蝴蝶，自然界的万物都遵循各自固有的形式存在，所有的这些形式交织，共同编织起一个平衡的宇宙。

——《了解孩子》第十八章

教育的根本，应该基于下列的事实：孩子的快乐，来自于他完成了与他年龄相仿的事；孩子真正的满足，是他对手中的工作全力以赴；孩子的幸福，来自于他身心都获得很好的引导与尊重；孩子身心要强壮，离不开持续的练习与亲身的体验。

——《了解孩子》第十九章

自由的真正目标是在对社会、人类提供服务的同时，让个人拥有成长与进步的快乐。

——《了解孩子》第十九章

给孩子自由，不是要让孩子不受父母，师长的管教，不是要孩子违反大自然法则，或违反社会、国家的戒律，而是给孩子自我发展、自我了解的最大自由，奠定孩子将来服务社会的能力。

——《了解孩子》第十九章

给孩子自由，就是要让孩子享受到探索的快乐，获得知识的快乐与活动的畅快，以及帮助人的快乐。孩子的肌肉因为不断的锻炼而越来越强健，心理的愉悦和强大也因参与各种活动付出的努力与得到的回报而不断增加。

——《了解孩子》第十九章

如果我们能唤醒社会的良知，对孩子的童年有更多的了解，那么正面的效果会越来越多。因为只要有适当的条件，人的身体、心智和精神的能力就会发挥出来，并给人带来快乐，而不是痛苦。

——《了解孩子》第十九章

为了个人的发展与成长，我们要强调自由；为了个人和社会的利益，我们要强调纪律。就跟劳逸结合一样，自由与纪律也可以并行不悖，个人与社会也可以兼顾。人类文明越发展，越是如此。

——《了解孩子》第二十章

适当的环境能让孩子身心得到充足的训练。练习的机会越多，孩子的生活越丰富多彩。因此必须让孩子工作，孩子才能健康成长，稳步发展，做事有效率，快乐生活。

——《了解孩子》第二十章

自由和纪律的问题与工作有关。孩子有了他需要的自由，并给予适当的器具和环境，孩子就会热衷于工作。正如儿童之家一样，环境可以诱发孩子去做有助于发展的活动，纪律的问题也自行化解。

——《了解孩子》第二十章

真正的服从是要提升他服从的意愿，而不是通过奴役他来达到让他顺从的目的。

——《了解孩子》第二十章

儿童之家的环境给予孩子自由，纪律在这样的环境里自然形成。在那里看得到孩子健康成长的快乐。这样的环境提供了孩子相互理解、互相帮助的条件，这是道德和品格的根源。

——《了解孩子》第二十章

智力发展的基础是感官。

——《了解孩子》第二十章

正如蒙台梭利儿童之家一样，有必要准备一种环境，引导头脑自发地观察必须观察的东西，并避免环境中出现错误的示范。

——《了解孩子》第二十章

蒙台梭利教学法是通过对儿童的观察探索，经过实验检验发展出来的。蒙台梭利以注重儿童教育及服务社会为首要原则。蒙台梭利教学法的成功，其最好的证明在于孩子的良好发展，在于让他们成为有爱心，为社会做贡献的人。

——《了解孩子》第二十章

第五部分

新世界的教育

儿童内在的巨大能量对人类发展非常重要，我们要仔细观察，找出开发这一能量的办法。不要在孩子游戏时灌输某些神秘的信仰，而是要让儿童成为有信念的人。

——《新世界的教育》第二章

成长是一连串的出生。

——《新世界的教育》第三章

孩子的潜意识以及敏感期的强大力量让孩子进行惊人的创作工作，就像是相机的底片，能瞬间记录下各种细节的画面。环境里的事物激起了孩子内心的兴趣，让他对生活热情高涨。这种潜意识的力量是可辨识的。

——《新世界的教育》第三章

如果吸收性心智可以一直存在，其强大的力量将让人无法想象。然而，我们终将失去吸收性心智的能力，并以此为代价获得了完整的人类意识。这个代价是沉重的——我们从“神”沦为了“人”。

——《新世界的教育》第三章

乘法串珠

孩子在爱中诞生，他是爱的结晶，出生后继续被父母的爱所包围。

——《新世界的教育》第四章

只有儿童生活中的爱，是人类道德最纯真的体现，是一种自我牺牲，为他人奉献的爱。

——《新世界的教育》第四章

胚胎学的研究截至目前的发现是：人类所有的理性与智慧来源于最初仅有的一个承载建构计划的胚胎细胞。正如当一个人要建造一栋房屋时需要先收集砖块，足够的砖块被砌成四堵墙。胚胎细胞也会分裂成一定数量的细胞，之后构建出不同的人体器官。

——《新世界的教育》第四章

母亲必须回归于与大自然的合作。

——《新世界的教育》第四章

如果心理部分是优先发展的，这就意味着生理部分完成自我建构是为了顺应心理需求及本能的需要。

——《新世界的教育》第五章

动物并不只是为满足自己而吃东西，而是为了让它们完成种种生命行为的使命；创造一个和谐的世界需要生物和非生物及所有一切的通力合作。

——《新世界的教育》第五章

冥冥之中似乎有一个计划指引着一切，器官及生命的形成就是为完成此计划，这“隐藏的命令”使一切事物和谐共处，创造更好的世界。世界并不是为我们享乐而创造，反之我们的存在才是为了推进世界的发展。

——《新世界的教育》第五章

要改变一代人或一个民族，让其变好或变坏，要唤醒宗教意识或赋予文化，我们都必须从娃娃抓起，只有孩子才有无限可能。

——《新世界的教育》第五章

当婴儿出生时，人们总想到母亲的苦难，事实上孩子也在面临一个极大的考验。此时孩子甚至还不是一个完整的人，他被赋予了一种精神生活，却没有足够的心灵能力，他必须依赖自己的创造力；这个心灵胚胎，身体上也是不完整的，他必须发展、创造自己的能力。

——《新世界的教育》第六章

独立是大自然的馈赠，引领孩子获得自由。

——《新世界的教育》第六章

大自然把自由与独立赐予生命，同时赋予与时代和生命的特殊需求相关的既定法则。

——《新世界的教育》第六章

独立的显现并不是静态的，而是持续的征服，通过不知疲倦的工作，孩子不仅获得自由，也获得力量和自我完美。

——《新世界的教育》第六章

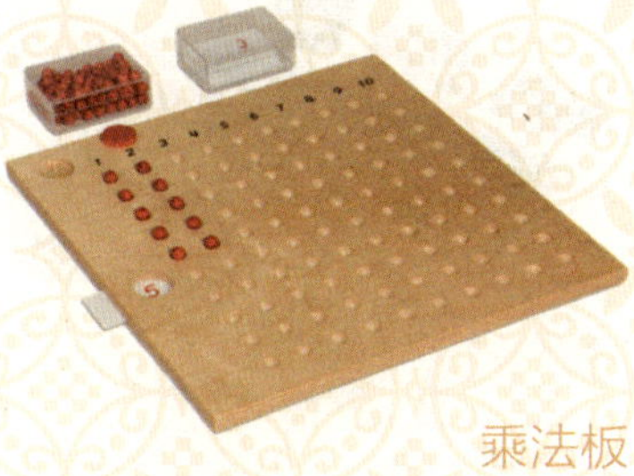

乘法板

语言就像自发创造而自然产生的，它遵循既定的法则使其得到发展，并且在某些时期会达到某些高度；而且这对每个孩子来说都是一样的，无论其种族的语言简单还是复杂。

——《新世界的教育》第七章

在大脑皮质中有两个中枢，一个是听觉中枢，负责听到语言，而另一个是运动中枢，负责语言的表达。接收中枢或者听觉中枢与心灵的神秘部分相关，语言在潜意识中得到发展，而且与耳朵有关。

——《新世界的教育》第七章

在大脑的神秘之处有着一个神灵，一个沉睡的自我，他将会被人类悦耳的声音唤醒，而这悦耳的声音就是一个对神经纤维震动的神圣召唤。

——《新世界的教育》第七章

个位除法板

教师应着手去发掘、洞悉孩子的心灵，就如同精神分析师洞察成人的无意识部分一样。对于孩子以及其语言来说都需要一个诠释者……诠释者是孩子莫大的希望，重新为孩子打开一扇这世界已经关上的大门。

——《新世界的教育》第七章

动作是完成思考的循环的最后一部分，而且精神的提升是通过行动或者工作来完成的。

——《新世界的教育》第八章

科学的观察显示，智力是通过动作发展的；世界各地的实验都已经证明了动作帮助心理发展，而心理发展又通过进一步的动作得到表达，因此，这里有一个循环，这个循环必须完整，因为心智和动作同属于一个整体。

——《新世界的教育》第八章

精神生命必须运用更多肌肉，但其背后的主要目的并不是实用性，这在一些现代教育的形式中被称为技巧性。真正的目的是人类通过发展动作协调来丰富精神生命的实际层面。

——《新世界的教育》第八章

动作的第一步是抓住：一旦手抓住物品，大脑就对手产生意识，并且理解力得到发展，刚开始的本能性的动作就变成有意识的动作。

——《新世界的教育》第八章

大自然不仅给了模仿的本能，提供了达成蜕变所需的有组织的活动；所以，相信帮助生命的教育家必须了解可以通过哪些方式来帮助这些有组织的活动。

——《新世界的教育》第九章

手，受智力的引导，通过工作来执行精神的意志。

——《新世界的教育》第十章

教师必须判断什么是需要的，就像是仆人为自己的主人精心准备一杯饮料一样，准备好后离开，让主人畅饮。教师必须学会谦逊，不能以关心的形式将自己的意愿强加给孩子，而是要保持警觉，跟随孩子的进展，准备好他们进一步活动可能需要的一切。

——《新世界的教育》第十章

我们必须了解孩子先前的发展，同时要放下我们先入为主的观念。在关心3—6岁孩子的心智的时候必须要得体、周到；幸运的是，孩子是从环境中吸收，而不是从教师那里，教师只需要站在一边，当需要的时候提供服务就好。

——《新世界的教育》第十一章

所有脱离正常的偏差几乎都被归为了大多数人默认的性格领域，他们包含两类：能够克服障碍的坚强的孩子以及屈服于障碍的柔弱的孩子。

——《新世界的教育》第十一章

人类天生就是一个智能体，需要的精神食粮远远超过物质粮食。与动物不同，人类通过自己的生活和经验来建构自己的行为，并且，如果按照这条生活之路前行，一切皆可安好。

——《新世界的教育》第十一章

跟随内在引导，他们通过不同的工作获得喜乐与和平，然后一些以前在孩子中从未有过的事情发生了，那就是自发性的纪律。

——《新世界的教育》第十二章

漫长的意志发展过程就像纺织一样，在不断扩大的领域中通过活动得到发展，这意志的纱线就会越来越坚固。

——《新世界的教育》第十二章

纪律的适用性即从发展成熟的意志中获得服从，并且这基于社会凝聚力之上，也是有组织的社会的第一步。

——《新世界的教育》第十二章

蒙台梭利教师必须对孩子有信心，相信他们可以通过工作来展现自己。即使是有各种偏差行为的孩子也不会动摇教师的信心。

——《新世界的教育》第十三章

这是孩子应有的本来样貌：不知疲倦的工作者，付出最大努力的平和的孩子，既会帮助弱小又懂得尊重他人的独立，事实上，这就是真实的孩子。

——《新世界的教育》第十三章

因为了解孩子的秘密，使得教师对孩子有深深的爱，也许这也是他第一次体会到爱究竟是什么。

——《新世界的教育》第十三章

第六部分

人的成长

真正的发现，必须包含一些新的事物。新奇的事物的大门只为勇者敞开。这是一扇通向未开发领域的大门。因此它是一扇激发想象的新奇、美妙的大门。

——《人的成长》第一章

珠算大立架

孩子“喜欢安静”，他们觉得安静能真正带给他们快乐。孩子的服从需要一步一步地发展和建立，最后达到“乐意服从”的完美阶段。可以说孩子甚至“渴望”服从，就像是某个宗教的信徒一样。

——《人的成长》第一章

这个盲点就像是视网膜底的盲点一样，尽管如此，我们仍然是通过视网膜来看到一切。孩子的道德印象恰好落在人心的盲点上，落在冰川障碍之上。

——《人的成长》第一章

秩序不等于良善，但或许是通向良善的必经之路。

——《人的成长》第一章

秩序来自于神秘的、隐藏的内在引导，只有在给予他们自由的时候，内在引导才会表现出来。

——《人的成长》第一章

在我们可以达到“善”之前，我们首先应该让自己遵循“自然的法则”生活，然后在这个层面上，我们可以提升自己到“超越自然”层面，超越自然需要合作意识。

——《人的成长》第一章

在正常化的过程中，孩子并不是“服从给自己上课、纠正自己的老师”，而是追寻自然法则的引导。他们像被“重启”一般再次开始运作。这时他们的外在行为体现了他们的生理和心理特征，这种身体的生理机能在“灵魂的迷宫”内运作。

——《人的成长》第一章

自发性的纪律是所有惊人成就的基石。

——《人的成长》第一章

我们可以说，童年期就是引领发展、成熟与完善所有才能的“内在生命”的时期。外在世界只有在提供给大自然设定的目标所需要的必要方法时才有价值。

——《人的成长》第一章

因此，宏观的教育是一种可以消除某种道德缺陷的平台。教育的第一步必须是“扩展世界”，扩展这个使得孩子失去活力的狭小的世界，其基本技巧是“将孩子从阻碍其发展的桎梏中解放出来”。我们必须增加诱因来满足潜藏在灵魂深处的倾向。与其压制其支配周围一切的欲望，不如鼓励他们无限地征服。

——《人的成长》第一章

孩子需要的是一个能够让其懂得抑制的向导，而非鞭策其前行的推手。

——《人的成长》第二章

在学习上，孩子也遵循着心智形成的内在法则。孩子与环境之间有着一种直接的互动关系，导师的职责就是担负起链接（或媒介）的作用，引发孩子的兴趣。

——《人的成长》第二章

对生命的热爱和纪律，更多的是产生于内在引导的活动，而非外在的结果。

——《人的成长》第二章

儿童的自我建构，是因为他有着一个内在导师，这个内在导师遵循着教育的计划与技巧，而我们成人如果能够承认这个未知的内在导师，我们就能有幸成为这个内在导师的助理和忠实的服务者，通过合作来帮助孩子。

——《人的成长》第二章

给孩子提供自由，开发孩子的潜能，最大的困难不在于实现某种教育模式下的目标，而在于克服成人对儿童的偏见。

——《人的成长》第二章

相较于其他所有的物种，人类是唯一没有被自然禁锢行为的。就如生物学家近期的断言一样，人类是一种不断经历婴幼儿期的物种，因为他在不断进步中发展。

——《人的成长》第三章

分数板

儿童无意识地吸收语言和语法。语言的吸收在很长一段时间内持续不变，突然有一天，大约在两岁三个月的时候，整个语言爆发期突然形成。

——《人的成长》第三章

我们可以假设存在有某种语言的遗传特质，它就像一团星云，起初并没有坚实形态，似乎悄然无息，但若没有它，任何语言都不可能发展。星云这种神秘的潜能，好比胚胎细胞中的基因，能够指挥未来的组织，以形成结构复杂的器官。

——《人的成长》第三章

如果孩子的“语言星云”发展遇到障碍，进行建构的听觉敏感性无法运作，即使他的听觉与发音器官完全正常，也会变得又聋又哑。

——《人的成长》第三章

儿童无须刻意努力，就能从日常生活中吸收语言等复杂的文化。

——《人的成长》第三章

人类必须适应环境中的各种条件与情境，并且永远不要养成固定的习惯。因为他会在文明发展史中不断演化，他必须具备某种能迅速适应的能力来取代心理领域的遗传性。

——《人的成长》第三章

人们在儿童时期形成了对自己家乡习俗的依赖和萌发了对家乡的热爱之情。同时，每个人都是肩负人类文明革新的载体。出于同样的原因，每个人都适应自己生活的时代，并好好活下去。

——《人的成长》第三章

儿童吸收并内化周遭的环境，并将自己建构成适应该环境的人。为了完成这项任务，他必须经历人类特有的心理胚胎建构阶段，在这段时间内，人类是以空无、柔弱的表面形态悄悄地度过这个时期的。

——《人的成长》第三章

现代文明最可怕的危害之一是：在教育儿童时违背自然法则，在偏见的作祟下扼制或摧残儿童。

——《人的成长》第三章

儿童从出生起就必须依据环境建构自己的人格，因此必须将儿童与世界和人们的生活真实地联系起来。儿童应该参与成人的生活。儿童只有通过听人说话，参与其中才能将所属群体的语言“肉身化”。儿童只有通过参与公众生活，目睹所属族人的生活习俗，才能适应环境。

——《人的成长》第三章

崇高的大自然应是人类建造超自然的基石。文明进步当然应该超越自然，但不能以践踏自然的方式去追求进步。

——《人的成长》第三章

重建社会最紧迫的工作之一，就是重建教育，也就是给儿童提供合适的环境。当然，首要的环境是世界，其他的环境，如家庭与学校，必须符合创造能力的发展需要。在自然法则的引导下，人类日趋完善。

——《人的成长》第三章

社会应该从沉疴中清醒过来，解放那些文明的囚徒，为儿童准备满足他们最重要的需求的，也就是心理需求的世界。

——《人的成长》第三章

满足儿童的需求，给其生活上必要的帮助，应该是现代教育必须关注的基本问题。

——《人的成长》第四章

说话的能力在每个人身上自然发展出来。没有它，人就是可怜虫、聋哑人，社会的局外人。语言是使人有别于动物的特征之一，是造物者唯独赐给人类的礼物，是人类智慧的表现。

——《人的成长》第四章

中国人民意识到人的首要基本权益是：要掌握文明必须拥有两种语言能力——读与写。这两种能力是起点，然后才能有文化。

——《人的成长》第四章

纺锤棒箱

四岁幼儿就可以开始学习写字，而且学起来比开始接受义务教育的六岁儿童更容易。四岁幼儿能在几个月内学会这种能力。而且他们学起来非但毫无痛苦、毫不费力，甚至热情高涨。

——《人的成长》第四章

读与写是开启人类知识宝库的钥匙，这些知识以写作艺术的形式被收集、整理和积累。

——《人的成长》第四章

我们不一定要用图像来表达思想，但必须用声音来表达语言，因为只有语言才能真正地代表思想，只有通过语言我们才能更精细地阐述思想的内容。

——《人的成长》第四章

写作成为一种自我表达的形式，并唤起一种由真正兴趣点燃的活动。这种活动给儿童带来明显的成就感，并使其获得新的能力。

——《人的成长》第四章

事实上，语言的发展一直持续到五岁，而在这一时期，头脑处于对与语言有关的一切都非常活跃的阶段。我们可以称这个时期为“生命的季节”。我们拿书面语言的成熟与水果的成熟做比较，果实的成熟不仅取决于种子的种类和土壤的准备，而且也很大程度上取决于播种的季节。

——《人的成长》第四章

可移式字母（译者注：蒙台梭利儿童之家环境中的一种语言教具。）练习使语言整体运作起来，并激发真正的智力活动。

——《人的成长》第四章

每一种语言都有自己独特的逻辑语序，在生命的头两年里，这种语序被造物主完整地传递给每一个人。

——《人的成长》第四章

孩子通过进行与阅读有关的趣味性练习可以进一步探索和领悟已经掌握的语言。

——《人的成长》第四章

语言的语法探索不仅有助于增进阅读能力，而且还能带来快乐和满足，它使人意识到自己拥有语言的喜悦。读书，也就是让人专注地去理解别人的思想。

——《人的成长》第四章

让儿童按照自然的节奏发展，在求知本能的驱使之下，通过教具帮助自己获得文化。自然规律显示，儿童用双手不断重复有趣的练习，通过个人经验吸收文化知识，协助智力发展。

——《人的成长》第四章

第七部分

如何教育潜在成人

我们不需要将教学大纲等一套一套的细节强加给孩子，而是要播下大量兴趣的种子。它们被心智接受，随着意志力逐渐确立最终发芽，从而让孩子成为能在这个发展迅速的世界生存的个体。

——《如何教育潜在成人》第一章

一种内在的变化悄然发生，这时，自然不仅开启了孩子对知识和理解的渴望，更引起他对精神独立的渴望和一种用自己的力量区分善与恶的欲望，对大人的武断和权威表现出不满。在精神道德方面，孩子开始倾听自己内心的声音。

——《如何教育潜在成人》第一章

儿童在道德领域所获得的光明，和他所形成的崇高理想，都能为其之后的社会生活所用。

——《如何教育潜在成人》第一章

向儿童传递正确的宇宙观不仅能提起他的兴趣，更能开发他的想象力和树立对宇宙的崇敬。这比任何一种兴趣更能给内心带来满足感。

——《如何教育潜在成人》第一章

对孩子来说，宇宙管理万物的规律可以变得有趣和奇妙，甚至比事物本身更有趣。

——《如何教育潜在成人》第一章

这是儿童本身向我们揭示的秘密：孩子的双手和头脑一起工作，能完成许多远远超过我们想象和预期的各种各样的事情，包括高智能和抽象的事。

——《如何教育潜在成人》第二章

纪律只是一个整体发展的结果，是由体力活动辅助心理功能产生的结果。

——《如何教育潜在成人》第二章

加法蛇

人类意识如同一个充满想象力的火球。人类发明的一切，无论是物质的还是精神的，都是想象力的产物。

——《如何教育潜在成人》二章

良好教育的秘密在于将儿童智力视为可以播下种子的肥沃土壤，种子在想象力的温暖光芒的照射下发芽生长。因此，我们的目标不只是让孩子理解，更不能说是强迫他背诵，而是要触发他的想象力，使他的内心充满激情。

——《如何教育潜在成人》二章

向儿童讲述宇宙的故事，给儿童提供无限而又神秘的想象空间。宇宙的奥秘无穷无尽，引人入胜。

——《如何教育潜在成人》第二章

教育主要集中在注意力的单独训练，或为了掌握所教授的知识的推理能力以及自愿努力学习的意志力的培养。而思维被视为高于生命本能的能力，需要通过接受外部的训练来获取。

——《如何教育潜在成人》第三章

每一个生命体都有自己的生活经历，这不是人类的特性，而是所有生物体的共性。

——《如何教育潜在成人》第三章

“生命力”存在于生命的各个层面中，当其在思维的意识层面凸显时，就成为意愿的自主因素。

——《如何教育潜在成人》第三章

现在，我们建议不应当费力地刻意去记忆某些工作，而应当随意一些地去学习，让工作搁置几天后仍然记忆犹新，让记忆痕迹自然集中并组织起来。

——《如何教育潜在成人》第三章

孩子的表现告诉我们，只有在较早期的阶段，他才有更敏锐的情感和兴趣，只有当他对这些学科产生感情，他才能科学而精准地学习。这样，他不仅拥有好奇心，更有一种基于感情的强烈的兴趣来帮助他学习。

——《如何教育潜在成人》三章

最伟大的智慧是爱。

——《如何教育潜在成人》三章

在教育儿童时，我们呼唤他们关注头上没有名人光环的普通男人和女人，从而培养他们对人类的爱；但这并不是以博爱之名宣扬的空洞、苍白的情感，也不是宣扬解放并提高劳动者阶级的政治情感。

——《如何教育潜在成人》第三章

经验是活动的产物，贮存在大脑记忆中。无论是人类还是动物，牧内美（译者注：记忆痕迹）和贺尔美（译者注：生命驱动）在其身体和心智的不同领域工作；生物体依靠其功能维持生命，同时吸取外部经验让生物体更加完善。

——《如何教育潜在成人》第四章

老人樊圻

生命是宇宙的代理。

——《如何教育潜在成人》第四章

人与所有动物一样存在有意识和无意识的目的。人类意识到自己精神和身体的需求，也意识到社会和文明对自己的要求。人们坚信为了自身，为了自己的家庭，为了自己的祖国应当努力奋斗。但这还不够，还应当意识到为整个宇宙承担更大责任，为了整个宇宙的和谐，应当和他人一起合作。

——《如何教育潜在成人》第五章

只有生命可以说："真正的自由在于服务！"工作是宇宙的表达方式，是生命所需和快乐所在，不工作等同于灭亡。

——《如何教育潜在成人》第六章

大自然将爱这种新的能量注入动物行为中，让曾经的弱点变得强大，大自然也因此进化。

——《如何教育潜在成人》第八章

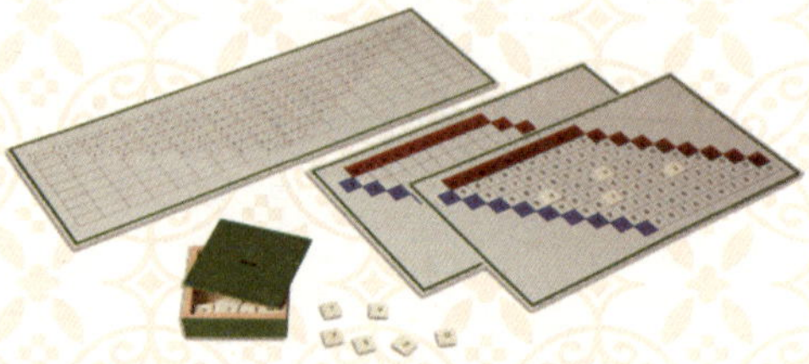

减法板、减法空白板及订正板

对于儿童和社会来说，首先需要帮助儿童发展思维能力，其中最重要的是建立兴趣，有了兴趣儿童才能够遵循自然，自由成长。

——《如何教育潜在成人》第九章

在历史的长河中，人类不是凭借自己双臂和双腿的力量，而是凭借发达的大脑，尤其是想象力，在各个领域取得成功。

——《如何教育潜在成人》第十章

如果人类最终要实现团结（自然界中人类是统一的），只有通过教育宣扬人与人合作的所有成果，呼吁人们发自内心地抛弃对普通劳动的任何偏见，以履行伟大规划，这也可以被称为上天的意愿，这种意愿在天下万物中具体地表现出来。

——《如何教育潜在成人》第十一章

为了唤醒精神，需要某些神圣和深刻的东西，文明世界的新生代应当传递为人类神圣事业奋斗的情感和热忱。这样，宗教就不需要被教导了，事实上它也不可能被教导，但是对真理的崇敬，无论是内在的还是外在的，都将在自然中自由成长。

——《如何教育潜在成人》第十一章

世间万物都是人类精神的产物，我们通过教育将这些成果融入我们的血液，代代相传。我们要以先驱者为榜样，也要鼓励儿童这样做，我们认识或不认识的先驱者们，他们的胸中都燃烧着照亮人类之路的火炬。

——《如何教育潜在成人》第十二章

我们要帮助儿童认识到人类起到的伟大作用，这种伟大作用还将继续保持。因为懂得这一点，精神将得到升华，我们会变得更自觉。历史应当生机勃勃，满怀热忱。任何形式的自以为是和懒惰的利己主义都应被摧毁。

——《如何教育潜在成人》第十二章

教育的基本原则是所有学科在宇宙计划中的关联和集中。

——《如何教育潜在成人》第十二章

从远古时代起，伟大的中国就是亚洲文明的另一个中心，在经受年复一年的领土冲突之后开始崛起，吸引了大量学者探索其博大精深的文明和永葆青春的秘密。

——《如何教育潜在成人》第十三章

从宇宙的角度来看，文明相互融合是为了达到人们想要的结果。就像烹饪艺术一样，分别准备好不同的配料，小心操作，耐心地让它们慢慢地煮到想要的状态，最后加入需要的调料，做出可口的菜肴。

——《如何教育潜在成人》第十六章

减法蛇

自然规划的基本原则确定如下：

（1）各个器官在自由与独立中各自发展；

（2）各个器官由特有的细胞发展组成；

（3）各个器官通过血液循环系统实现统一；

（4）信息指令通过神经系统传递。

——《如何教育潜在成人》第十八章

教师不是暴君或传教士，而是新生代不可或缺的引导者。现代教师应当成为孜孜不倦的学者，研究儿童成长有关的生物学和心理学，同样也要研究成人心理学。

——《如何教育潜在成人》第十八章

所有国家正在实行义务教育制。在教育战线里面似乎存在一种征兵制度，它好比是国家处于危难时刻发起的动员，但这不是国家动员，而是更具规模的对生命而不是死亡的宇宙总动员。

——《如何教育潜在成人》第十八章

人是自身的雕刻家，在内在神奇力量的驱动下实现理想形态。成长可以被定义为在生命推动下探寻完美的过程。至关重要的是文明应该造就健全的儿童。

——《如何教育潜在成人》第十八章

蒙台梭利学校证明：儿童需要一个工作周期，并对这个工作周期做好了精神上的准备。这些有趣的智力工作并不会使儿童感到劳累，成人不应该随意中断儿童的工作让他去玩。

——《如何教育潜在成人》第十八章

兴趣不是立即产生的，当儿童的兴趣被激起却不让其工作，就如同胃口大开时，却把本可饱餐一顿的美食拿走。

——《如何教育潜在成人》第十八章

人类的未来依赖其生生不息的、勇敢探索的精神。

——《如何教育潜在成人》第十八章

儿童的精神需求越能得到满足，更强大更优秀的人类就越能造就出，因为它能推动人类进步。

——《如何教育潜在成人》第十九章

只有科学和睿智的人格才能拯救世界，向苦难者施舍食物、衣物是没用的，即使他们得到了人权也无济于事。

——《如何教育潜在成人》第十九章

要成为蒙台梭利老师，迈出的第一步是抛弃自认为无所不能的自负，并愉快地观察。

——《如何教育潜在成人》第十九章

如果教师因亲眼看见事物的产生和发展而真正感受到快乐，并且谦卑地工作，那么更大的快乐将接踵而来；相反，在儿童面前自以为是并享有绝对权威的教师却感受不到快乐。

——《如何教育潜在成人》第十九章

正确的服从是个体意志力的升华，是人类灵魂的一种品质，没有它，社会就不可能存在。然而，不受自我控制，并非是由于自己经历灵魂觉醒而产生的服从，注定要导致民族的灾难。

——《如何教育潜在成人》第十九章

当孩子去做他们最喜欢的事情，就能从中获得强烈的兴趣，这种兴趣改变了他们，使他们变得高尚，达到了这种兴趣程度的老师也发生了同样的改变。他们变成了人生路上享受快乐的一员。就像科学家一样，他们洞悉了生命的秘密，并赢得了奖赏，这不是仅为了他们自己，也是为了所有人。

——《如何教育潜在成人》第十九章

第八部分

教育与和平

今天人们生活在和平时代，接受了胜利者和战败者之间所造成的局面。前者肆无忌惮地肆虐，而后者的命运如但丁地狱里的恶魔和被诅咒的人。但两者都离爱的神圣相去甚远。

——《教育与和平》第一章

成人对幼儿确实盲目无知，而幼儿则具有真知灼见；孩子给我们带来了一束明亮的启迪之火作为礼物。

——《教育与和平》第一章

孩子的工作以肉身化为目标，有自己特定的节奏，这与成人是完全不同的。

——《教育与和平》第一章

幼儿的工作受其内在智慧引导，遵循着自然节奏而完成他的使命，绝无成人征服他人的霸道作风。

——《教育与和平》第一章

金色珠子：量的介绍个、十、百、千

幼儿对工作和秩序的热爱，显示出他们的智慧能力远远超过一般的预期；显然在传统教育中，幼儿本能地隐藏他的才能，以顺应专横的成人对他的期望。

——《教育与和平》第一章

孩子探索道德的道路已被剥夺，在这个对于他来说完全陌生的世界里，他的潜在生命力可能会因此而焦虑不安。

——《教育与和平》第一章

命运掌握在我们手中，放下武器之日，就是人类光辉灿烂的太平盛世到来之时。

——《教育与和平》第一章

达成世界和平的两大要素：首先，是新的人类，更优秀的人；其次是建立一个能让人类发挥无限潜能的环境。

——《教育与和平》第一章

为了让所有的人团结如兄弟，我们必须撤除所有藩篱，使全世界的人都能如孩童般共享这个广阔的乐园。

——《教育与和平》第一章

孩子热切追求独立，渴望获得工作机会，向我们证明了他们能创造奇迹，爱与热情是他们巨大的财富。

——《教育与和平》第一章

征服宇宙是如此宏伟的功业，需要全人类的共同合作，而唯一能够凝聚全人类的只有爱。

——《教育与和平》第一章

为了让人类团结以获得和平，我们必须双管齐下：一是立即放弃以暴力手段来解决争端——换言之，就是避免战争；其次是致力维护人类的永久和平。

——《教育与和平》第二章

我们应该聚焦在人类教育上，教育引领世界各国的人们追寻共同的目标。我们必须回过头来让孩子成为焦点，科学研究也应关注孩子。因为孩子是解答人类谜团的钥匙。

——《教育与和平》第二章

教育是取得和平的最佳利器。

——《教育与和平》第三章

能够拯救世人的教育，绝对是流芳百世的伟大事业；这种教育启发人类的心灵、提升个人的价值，同时帮助年轻人了解其所处的时代。

——《教育与和平》第三章

幼儿是人类未来的命运和希望，因此如果我们将这个胚胎视为最珍贵的宝藏，就是对人类最大的贡献。

——《教育与和平》第三章

只有教育能为人类提供从一个阶段发展到另一个阶段的宝贵经验，并让社会成为有组织的整体。

——《教育与和平》第三章

和平源于人类的天性，和平是人类文明和社会组织赖以生存的法则。和平不会奴役人类，而会提升人类的层次。和平不会让人卑微，它使人发掘自身在宇宙中的力量。和平是人类的天性，是永恒不变的，是全宇宙人类共同适用的法则。

——《教育与和平》第三章

孩子，即精神胚胎，从出生那天起就拥有活跃的精神生活，透过本能的引导使他主动建立人格。成人由孩子发展而来，我们必须将孩子视为人类真正的构建者，也就是成人之父。

——《教育与和平》第四章

金色珠子和卡片

社会必须承认儿童在建构人类中的重要性，儿童也是将来成为成人后追求积极或消极目标的根源。

——《教育与和平》第四章

确保儿童被公正、和谐友爱的对待，这一伟大使命仍然有待完成。它必须通过教育来实现，只有教育才能建立新世界，带来和平。

——《教育与和平》第四章

通过教育奠定和平的基础，是防止战争的最有效、最具建设性的方法。

——《教育与和平》第四章

过去是暴力强权称霸的时代，而今我们要遵循生命的法则。这一复杂的愿景可以用“教育”一词最好地概括。

——《教育与和平》第四章

智慧进步与科技进步并不矛盾，两者是相辅相成的。

——《教育与和平》第五章

心灵的空虚是人性最大的威胁，一切后果都因其而起。

——《教育与和平》第五章

人们必须接受教育，了解世界的精彩，突破生命的极限，发挥自己的个人能力去触及和影响其他人。

——《教育与和平》第五章

教育在当代非常重要，人类拥有的知识无边无际，享受着各种超出自身需求的事物。人类拥有一切！他必须学会珍惜自己享受的事物。

——《教育与和平》第五章

能够促进和平的教育肯定是不简单的。

——《教育与和平》第六章

若仔细思考教育对世界和平的影响，我们就必须明确地将幼儿教育视为第一要务。

——《教育与和平》第六章

教育不应只被视为教导孩子的课业，而应被看作一个极其重要的社会问题，因为它是关系到全人类的问题。

——《教育与和平》六章

孩子通过向我们揭示他的本性，可以帮助我们从根本上改变对教育的认识，并帮助我们将教育的基本方法变得具有科学性、实验性和实用性。

——《教育与和平》第六章

教育最重要的阶段是生命初期的阶段，因为此时孩子的人格还很简单，并一步步发展，逐渐定型。

——《教育与和平》第六章

成人该做些什么？面对这个精神胚胎，成人要帮助他征服自我。

——《教育与和平》第六章

我们必须为儿童营造一个活跃的环境，我们必须建立一个属于儿童和青少年的世界。

——《教育与和平》第六章

尽管这些小小的人还不能为自己发表言论，但是他们仍然在对我们说："我们有权要求一个属于自己的世界。"教育必须始于出生之日，孩子需要一个属于自己的环境，一个符合自身需求的环境。

——《教育与和平》第六章

建立孩子与成人之间的和谐，为居无处所的人创造容身的一席之地。这些目标都指向必须进行的重建工作。

——《教育与和平》第六章

教育的首要目标是实现人类人格的价值和人类的发展。

——《教育与和平》第七章

十几板

人类的进步取决于建立热爱和平的人格，如果人人都受过和平教育，怀着崇尚和平的思想，那么社会就会因此而和平。

——《教育与和平》第七章

孩子驱使他自己做事的本能使我们有责任为他创造一个真正能让他发展的环境。

——《教育与和平》第七章

一旦孩子在属于他的环境中发展，并能不依赖成人做出独立行为，孩子不仅建立起了与环境之间的和谐关系，孩子与成人之间的相处也会更为融洽。

——《教育与和平》第七章

获得自由极为重要，因为行动自由能让孩子治愈精神的偏差，成为自己精神能量的主导。这样的转变只有通过自由活动才能实现，被剥夺自由的儿童是有偏离的儿童。

——《教育与和平》第七章

个体的发展以及个人参与真实的社会生活是不可或缺的。这种发展和参与会以不同的形态呈现在幼儿时期的各个阶段，但不变的原则是，在每个阶段我们都该让孩子自己动手以获得经验。

——《教育与和平》第七章

人类最大的喜悦是使用资源！人类使用这些资源使自己更加完美，同时改善这个环境。

——《教育与和平》第七章

爱引导孩子不去追求物欲，而是引导孩子寻求自己可以胜任的工作。

——《教育与和平》第七章

人格向两方面发展，一是追求爱；一是追求物欲。前者在发展过程中获得独立，能够与人和谐相处。后者受役于人，在物欲中寻求自由，对他人极不友爱。

——《教育与和平》第七章

成人不只是外在世界的建构者，更是新生命精神和道德的保护者。

——《教育与和平》第七章

人类不能靠武力来摆脱危险境地，我们应基于对社会运转的了解以及道德的培养铸造起一道精神防线。

——《教育与和平》第八章

人类建立新组织的基石有二：人类的统一和新的儿童。

——《教育与和平》第八章

一个国家和更优秀的人类：这是两个伟大的现实。新的人类必须向我们展示如何使全人类意识到统一。创造新世界的人类与我们截然不同。

——《教育与和平》八章

几十板

现在的年轻人埋头苦读、迎合时代、超越世界。可悲的是在完成学业以后，他对社会一无所知，感到迷惘和被抛弃。

——《教育与和平》第九章

应鼓舞人们将追求全人类的福祉当作一生的事业。当人们意识到自己在宇宙中的使命并做好准备，就能建立一个和平的新世界。

——《教育与和平》第九章

如果我们是渴望和平的善意的人，我们就必须为儿童的社会世界而努力，为和平打下基础。

——《教育与和平》第十章

儿童的形象如远处朝我们闪光的灯火，它不仅为我们指明前进的方向，也为我们照亮了朝着目标前进的道路。

——《教育与和平》第十章

孩子拥有巨大的潜能，有望造福全人类。

——《教育与和平》第十章

父母与子女的联结能够让两代人承担各自的责任，带领我们走向更远的文明。

——《教育与和平》第十章

帮助孩子发展有两大因素，我们有必要为孩子创造一个既能满足儿童身体健康又能满足儿童精神生活的环境。

——《教育与和平》第十一章

孩子展现以下个体特征：努力工作；遵守规范，而非破坏者；做事严谨，比大人有过之而无不及；小心翼翼地做每一件工作；专注力非常高；能够控制身体的动作；喜爱安静；乐于服从；自己能够很好地工作，不需要和他人竞争。

——《教育与和平》第十一章

促使孩子工作的并不是成人替孩子设定的目标，而是孩子自我完美的驱动力。孩子透过与真实生活的接触，和使他专注的活动，不断迈向完美的境界。

——《教育与和平》第十一章

砂纸数字

孩子自主学习，能够自己解决许多困难。由此内心获得的满足感让孩子对自己的人格更有自信。尽可能地让孩子自己选择活动，能帮助孩子培养一些我们通常认为不会出现在孩子身上的特质，比如，独立性及主动性。

——《教育与和平》第十一章

幼儿如一道曙光，帮助我们更好地理解成人复杂的社会生活。

——《教育与和平》第十二章

孩子是精神胚胎，它向成人展示自我，给予成人线索以穿越“迷宫”，孩子为我们照亮了前路。

——《教育与和平》第十二章

我们必须团结起来，我们必须对孩子伸出援手，信任孩子，为他们营造合适的氛围并改变成人自己。

——《教育与和平》第十二章

工作可以治愈人类心理上的疾病并开创真正的精神生活。工作是矫正人类缺点的方法。

——《教育与和平》第十二章

我们不该将孩子视为成人的附属品，而应视其为创造者，成人之父，指引我们走向美好生活，为我们带来光明。我们要视孩子为成人之父，引领人类创造更好的人性。

——《教育与和平》第十二章

孩子为我们带来光明；他让我们见到了一种新的人类，一个具有品德的人，也教导了我们单纯及规律作息的价值。因为简单和规律的生活就是幸福之钥。

——《教育与和平》第十二章

对环境的热爱是人类进步和社会演变的秘诀。

——《教育与和平》第十二章

人类开始体验到爱是一种恩典，当人类的精神与物体产生内在交流时，沉睡的人格便会苏醒。

——《教育与和平》第十二章

爱是我们要达到的目的而非起点。爱的教条对我们并没有帮助；爱并不是意志的力量所能产生的，爱的基础是健全的道德观。

——《教育与和平》第十二章

人类经历了一种精神上的触动，使他振奋并受到荣耀的感召，即对所属环境的爱。这样的爱引导人类迈向更崇高的目标——创造超自然。

——《教育与和平》第十二章

人类生来就必须运用双手和头脑工作，这使人成为独一无二的创造者。他必须手脑并用才能获得和谐一致的发展。

——《教育与和平》第十三章

智慧、均衡的人格，以及全人类的统一都是我们的财富。因此我们现在需要的是教育，它指引人类认识到自身伟大的潜能。

——《教育与和平》第十三章

人类必须共同努力提升个人素质，使之达到与人类用劳力和智慧创造的物质文明一致的高水准，以重新建立两者之间真正的平衡点。

——《教育与和平》第十四章

人格全面发展的基础全部展现在他们身上，每一个卓越的个体似乎都具有无限潜能，而人类的发展更是没有止境。人类人格发展无限的真正因子是个体的发展，每个个体在众人的影响下仍是独立发展的。

——《教育与和平》第十四章

幼儿的宣言就是“教导我如何自己做事！”。

——《教育与和平》第十四章

个体的自由是一切的根本。

——《教育与和平》第十四章

只有幼儿能指引我们走出迷宫，也只有幼儿能引导教育的走向。幼儿能帮助我们了解复杂的社会生活及人类潜意识中对自由的渴望，并带来更好的社会秩序。

——《教育与和平》第十四章

数棒

个体自由是自由的根本，是物种进化所必需的，理由有二：（1）自由赋予个体成长和进步的无限可能，自由是人类获得完整发展的起点；（2）自由社会的形成成为可能，是人类社会的基础。

——《教育与和平》第十四章

教育的基石在于人格的发展，教育对于拯救人类具有迫切的重要性。

——《教育与和平》第十四章

教育的重大责任并非提高物质享受而是拯救人类，因此我们努力的目标是引导人类的内在而非征服外在世界。

——《教育与和平》第十四章

人类的一个目标就是幼儿人格的渐进发展。

——《教育与和平》第十四章

幼儿渴望生活在有秩序的环境里，当他获得行动的自由并跟随内在的指引时，即显现出内在的纪律。

——《教育与和平》第十四章

幼儿，这个真正的自由人必须教导社会秩序、平和、纪律以及和谐。当我们帮助幼儿时，爱就随之绽放——我们对这种爱有着极大的需求，因为它能将人类凝聚起来共同创造幸福生活。

——《教育与和平》第十四章

我们要提供多元的教育和符合孩子发展需求的环境，如此才能帮助幼儿灵魂和智力的发展——这是其生命的基础。

——《教育与和平》第十四章

社会必须帮助每个人，提升全人类达到和环境发展一致的高水准，并使人超越环境。当人类自身更加优秀，就能使环境更加完善。

——《教育与和平》第十四章

人们努力工作、发明发现、研究创造、殚精竭虑——所有人类在世上的工作，其共同目标都是为了世界和平。

——《教育与和平》第十五章

世间最圣洁的人，没有哲学思想和政治意识的羁绊，诸法皆空、自由自在，具此中庸之道的人就是幼儿。

——《教育与和平》第十五章

儿童如同教导和平的使者出现在我们中间。我们聚集在他身边，去了解人类的奥秘，在他身上去发现掩饰在我们生命和行为之下的善。这是我们能从儿童身上学到的最宝贵的东西。成人如此看重相互的兄弟情谊和理解包容，成人和孩子之间也必须有这样的亲密关系。

——《教育与和平》第十五章

成人思想僵化，喜欢静止不动。儿童灵活多变，生机勃勃，带领我们超越凡尘。

——《教育与和平》第十五章

第九部分

生命重要的前三年

人类从一开始就充满活力，积极寻求任何能帮助他们促进身心成长的因素。

——《生命重要的前三年》第一章

通常，“心智活动”是指任何程度的可以输入和输出信息，累积经验并适当地做出反应的能力。

——《生命重要的前三年》第一章

生命离不开环境。为了建立与环境的关系，生物需要去了解环境，并做出反应和计划。

——《生命重要的前三年》第一章

婴儿在出生前就已经开始为以后的环境生活做准备。

——《生命重要的前三年》第一章

孩子越能体验他自己与环境的不同，往后就越能在共享的环境中成为一个独立的个体。

——《生命重要的前三年》第一章

爱陪伴着我们走完一生，是生命的必需品。

——《生命重要的前三年》第一章

胎儿表现出的所有特征都像一个非常细心的旅行者，他们希望在去一个新的地方旅行时，配备所有可能对新环境的生活有用的东西。胎儿表现出神秘但合理的生理和心理智力，让他能够安排好“旅行的日期和路线”。

——《生命重要的前三年》第一章

我们不得不佩服孩子在生物学和心理自我层面展现出的智能。我们认识到，为了给幼童提供机会使他们能——作为发展连续体的一部分——从内在生命走向外部生命，留心每一种可能，是有必要的。

——《生命重要的前三年》第一章

生命以它完美和智慧的方式，把出生时的分离转化为另一种新的纽带关系，这对母亲和孩子来说都有很多好处。

——《生命重要的前三年》第二章

教育从出生开始就应是“生命的助力”。

——《生命重要的前三年》第二章

珠算小立架

婴儿出生头几天能否与母亲一起相处足够长的时间直接关系到他受照顾的程度和好坏。

——《生命重要的前三年》第二章

影响或促进新生儿树立自我的因素有：“对爱的渴望、友谊、敏感性、健全思考、理解、学习、工作、组织、好奇心、思考的能力、玩耍、想象、创造、开放思维、适应能力、实验精神、探索精神、幽默感、欢喜、哭与笑、乐观、诚实和信任、同情心和智慧、舞蹈和歌唱。”

——《生命重要的前三年》第二章

我们并不需要任何昂贵的设备就能给新生儿提供丰富的感官刺激。我们只需要做好自我准备，真正理解新生儿，机智地去爱他，给予他有价值的生活体验。

——《生命重要的前三年》第二章

基本的信任能让人积极向上。孩子把世界看成一个美丽的地方，他相信，不管有多困难的情况发生，他都能得到外界的帮助。

——《生命重要的前三年》第三章

“强迫喂食”，对任何年龄的人来说，都是令人憎恶的暴力行为。因为嘴巴如同身体连接外界的通道，我们要时刻保持自主，否则便丧失安全感。

——《生命重要的前三年》第三章

感官体验产生了一种身心上特别的认知，这种认知给母子关系烙上了特殊的烙印。

——《生命重要的前三年》第三章

如果我们一开始就成功让其建立良好的母子关系，那么即使日后两人生活有所不同，不管发生什么事，他们会很自然地保持关爱和保护与对方的关系。

——《生命重要的前三年》第三章

许多新生儿因为感官知觉被剥夺而哭泣，这只是成人出于好意保护他们免受刺激。然而新生儿只是单纯的无聊，设法引起我们注意，要我们把他抱起来、与他讲话，并且跟他在一起。

——《生命重要的前三年》第三章

让婴儿自行结束哺乳。这样做，不但让婴儿在母乳喂养过程中得到充分的快乐，也让他产生对这一生活必需品的控制意识。

——《生命重要的前三年》第三章

邮票游戏

我们应把哺乳时间当成与我们所爱的人愉快相处的机会，这样，喂食婴儿就会变得轻松。让婴儿自主吸食，悠闲地吸吮，吃饱了才分开。

——《生命重要的前三年》第三章

婴儿出生后自由自在地生活在广阔的空间里，这是他快乐、兴趣和感激的来源。

——《生命重要的前三年》第三章

显然，依恋与分离的交替，是婴儿发展的两个重要层面，有助于自然地发展独立。有了智慧，生命为人类提供各种进步的机会，这是我们在日常生活中，发现行动力量的过程。

——《生命重要的前三年》第三章

只要我们更好地了解孩子，更清楚地意识到自然界所有生命发展的奇迹，我们就能改变这一悲剧（译者注：世界上阻碍孩子发展的有组织的活动。），那么，在孩子出生那一刻起，我们便能不断地辅助其生命，服务其人生。

——《生命重要的前三年》第三章

对环境的基本信任，是心理自我成长的第一个支柱，而且一定会在出生后的前两个月就呈现出来。

——《生命重要的前三年》第三章

自然将生理和心理的需求结合在一起相互支持，让人类得以发展，这个过程让人叹为观止。

——《生命重要的前三年》第三章

婴儿需要一个协调员来协助他在环境中的旅程，并发现更多机遇。协调员的作用就是关注孩子当下的需要并做出适当的反应。

——《生命重要的前三年》第三章

成人对新生儿表达出的需求缺乏适当的反应，会阻碍其基本信任感的发展，并使成长中的孩子失去安全感，不利于他乐观积极地生活。

——《生命重要的前三年》第三章

人类潜能中所具有的父性（和母性）会促使他们照顾族群里年幼的孩子，即便不是他们自己的孩子。

——《生命重要的前三年》第四章

当夫妻关系平衡和谐时，父母与孩子的关系也会是一种充满爱而不是依赖和占有的关系。

——《生命重要的前三年》第四章

父亲不只是舒适的物质环境供应者，而更要给予爱，投入更多的时间关爱孩子，和他聊天、游戏。

——《生命重要的前三年》第四章

父亲和母亲组成了“基本社交圈”，孩子以此获得了发展其人类潜能所需的基本经验。

——《生命重要的前三年》第四章

家庭是社会的基本单位，幼儿观察、吸收来自父母关系的个人和社会行为。这些都是成人生活形态的特性。因此父母的教育角色与儿童心理发展紧密联系，不可分割。

——《生命重要的前三年》第四章

父亲把积极乐观的爱带给孩子的母亲，孩子良好的生活环境就得到了保证。

——《生命重要的前三年》第四章

当父母意识到自己对孩子是如此重要时，父母的关系变得更加紧密，他们之间的感情也变得更加坚定。

——《生命重要的前三年》第四章

除了扮演支持者的角色，父亲可以多多学习有关分娩的知识，并真正参与其中。分娩过程长达数小时，父亲的陪伴能给母亲很大的鼓舞。

——《生命重要的前三年》第四章

父亲与孩子共处获得的许多感官体验不但能给双方增长知识和愉悦，也从一开始就给了孩子除了母爱的另一份爱。

——《生命重要的前三年》第四章

父亲在生命前几年给孩子提供的帮助，对孩子正确脱离与母亲的依附关系起到了非常重要的作用。同时树立孩子的自我独立意识也很重要，要让孩子通过手脑并用去快乐生活，做生活的主人。

——《生命重要的前三年》第四章

动物拼图——青蛙

母亲的照顾最重要的特征在于，如何给幼儿呈现外部世界。

——《生命重要的前三年》五章

母亲的照顾除了给予儿童动作和感官体验外，也为其提供了个人成长的机会，因为它帮助了孩子身心的统一发展，让幼儿与自己建立良好关系。更重要的是，给了他内在的安全感和稳定感。

——《生命重要的前三年》第五章

我们必须意识到婴儿的情绪，并予以回应，就好像这些情绪是我们自己的一样。

——《生命重要的前三年》第五章

正确地抱孩子，使得我们通过这种亲密关系将内心的喜悦传达给孩子，更要附上我们对他的爱、尊重，以及欣赏。

——《生命重要的前三年》第五章

当给予母性照顾时，唯有婴儿自愿配合，我们才是“和小孩”一起做事，而不是“为小孩”做事。

——《生命重要的前三年》第五章

“人格化”是建立在身体功能基础上的，并通过身体功能的作用，婴儿将不断完善自我，逐渐形成人的意识，并将各种生理需要的满足与精神上的愉悦联系起来。

——《生命重要的前三年》第五章

人们需要感受到自己身心发展的统一，才能在内心世界和外部世界应对自如。

——《生命重要的前三年》第五章

生命如果不与环境沟通就无法存活，我们必须把沟通当作是人类的一种基本需求。

——《生命重要的前三年》第六章

沟通是生物的基本特质，它伴随着生命出现，并通过与环境的交互，逐渐变得更丰富。

——《生命重要的前三年》第六章

并不是所有的成人都能意识到，人类的声音具有一种使婴儿平静和安心的力量。

——《生命重要的前三年》第六章

微笑的能力从出生就存在，而且马上成为新生儿与母亲沟通的一种方式。当孩子看到妈妈的脸时，微笑就是他对妈妈陪伴的一种反应方式。

——《生命重要的前三年》第六章

母亲和孩子建立丰富和良好的沟通关系能帮助孩子不惧怕与母亲的分离。

——《生命重要的前三年》第六章

幼儿常常笑得合不拢嘴，表示他心智愉快，因他能透过协调的动作控制外界事物。只有当幼儿行动自由，成人对幼儿的能力有一定的信任并为他提供适当的材料时，才会发生这种重要的自我发现行为。

——《生命重要的前三年》第六章

我们不应该错过沟通的机会，沟通是知识的载体，我们只需对婴儿哭泣、动作、笑和注视做出相应的反应就能与婴儿沟通。

——《生命重要的前三年》第六章

要使大脑开发得更好，最重要的方法就是在生命初期给大脑输入保质保量的信息。这一阶段的大脑尤其具有强大的吸收能力来建立特定的功能系统。

——《生命重要的前三年》第七章

被称为“正确的信息”的精神食粮是孩子用来构建心智的材料。我们要保证这种食粮的质量并在恰当的时间给予孩子。

——《生命重要的前三年》第七章

同步发展各种感官的教育，能让孩子一生都有一个聪明的大脑，不断从外界吸收有用的信息。

——《生命重要的前三年》第七章

在不久的将来，人类的巨大希望在于不同的文化让我们意识到我们需要彼此才能变得完整。有许多东西可以相互学习和分享。

——《生命重要的前三年》第七章

过去，我们把大脑的不同部分的分工看成是对立的；而现在，教育必须承认两个脑半球的工作对人类都是有利的。只有通过左右脑良好的协调合作，我们才能更好地理解世界上的各种生命，同时更好地认识内在的自我。

——《生命重要的前三年》第七章

所有来自环境的东西都可以在无意识的毫不费力的情况下被吸收、加工、储存在脑细胞中。

——《生命重要的前三年》第七章

科学教育给予幼儿所需的帮助越多，他们的生命品质就越好。

——《生命重要的前三年》第七章

我们需要用灵巧的双手做事，让我们的头脑保持警惕和思考；用宗教方法探索生命的奥秘；拿出部分时间以愉快自由的方式度过；参与政治活动，与每个人和谐相处。

——《生命重要的前三年》第七章

外在世界如同一个人内心世界的一面镜子，透过它我们可以看到内心的许多冲突。

——《生命重要的前三年》第七章

日常生活中的小事可以衍生成强有力的工具，用以帮助实现各种心理和生理发展上的宏伟目标。

——《生命重要的前三年》第八章

假如我们不利用断奶期来改变与儿童的关系，就等于错失教育良机，进而阻碍幼儿的独立发展。

——《生命重要的前三年》第八章

断奶餐，应该让孩子坐在父母面前安静地享用。我们也应该记住，不管食物和喂食位置有多么不同，我们都要陪伴孩子，共享这社交生活中最人性、愉快的一幕。

——《生命重要的前三年》第八章

断奶不只是孩子的食物进行转换的一个过程，它能让孩子表现崭新的一面，那就是朝着独立前进。

——《生命重要的前三年》第八章

父母必须永远牢记他们扮演着教育孩子的角色。在孩子长大成人这个漫长的过程中，需要我们参与协调。

——《生命重要的前三年》第八章

尤其在出生第一年，儿童自由活动遇到的各种阻碍，都可能会引发严重的心理问题，危害儿童人格的协调发展。

——《生命重要的前三年》九章

我们必须认识到由于我们对婴儿的能力缺乏深刻的理解，以至于我们对他们缺乏信心，妨碍了他们的发展。我们还以为我们的错误行为是必要的，以此照顾和保护他们。

——《生命重要的前三年》第九章

婴儿似乎有一种内在的敏锐能力，使他意识到必须先拥有人类特征，才有可能进行个人的发展。

——《生命重要的前三年》第九章

激励人类发展的内在因素，存在于每个人的身上，特别是在年幼时更明显，更需要自由的空间。

——《生命重要的前三年》第九章

在前十二个月内，帮助幼儿发展自主动作的最好方法是，给他提供一张榻榻米似的床。尽量让孩子留在地面，避免把他放到任何可能限制他动作的围栏里。

——《生命重要的前三年》第九章

乐趣可能来自活动本身，也有可能来自活动的结果。活动身体做内心想做的事情就会使人快乐，尤其在成功做一件事的时候。

——《生命重要的前三年》第九章

幼儿的工作在于自我创造，成为所要成为的人。成人的工作是改善他的环境，而幼儿的工作则是改善自己。

——《生命重要的前三年》第九章

当幼儿不需要外界的协助就能满足自己所有的需要时，就会出现自我肯定的感觉：“我能自给自足。”

——《生命重要的前三年》第九章

日常生活的工作能帮助儿童发展其价值观，让他更积极地与他人分享。

——《生命重要的前三年》第九章

当幼儿有了改变环境的基本经验，他就会由此产生一种自我价值感。在之前“我能做事情”的基础上变成了“我自己有价值”，再变成“我能做重要的事情”。

——《生命重要的前三年》第九章

在发展中的人类会接收到很多的信息："我能行，我有能力，我有价值，同我一起生活的人需要跟我合作，我的工作对其他人很重要，我可以通过工作改变我周围的世界。"这些信息将在未来的活动中支持他的发展。

——《生命重要的前三年》第九章

当我们了解运动的重要性后，我们就能发现合适的衣服，能帮助孩子获得所必需的运动协调能力和个人独立能力，能帮助孩子发展成为一个幸福而自主的人。

——《生命重要的前三年》第九章

内心的独白能帮助我们集中精神思考各种问题，并找到清晰的答案。

——《生命重要的前三年》第十章

口头语言和内心的想法是可以背道而驰的，我们用言语表达的东西可能未必和我们的思想一致。这会让人内心痛苦，威胁到自我。然而即使是幼儿也可能学会这么做，当他们发现自己心里想的不能被环境接受时，他们就不会用语言表达真实的想法。

——《生命重要的前三年》第十章

在片语期（译者注：12—20 个月），当儿童想专注于某一事物时，有可能会表现出在不同的情况下说同样的话，或者在同样的情况说不同的话。

——《生命重要的前三年》第十章

在去片语阶段(20-36 个月)，儿童学习不同的词类。他开始使用更长更复杂的短句。儿童通过对语言的使用和理解，表现出对外部世界和他们自己的深刻理解。他们能够描述他们周围发生的事情，表达自己的个人情绪，正确地判断各种情况，或者通过说“不”来表达自己的反对。

——《生命重要的前三年》第十章

现在儿童很清楚他在环境中的位置和角色，他会用“我”这个字来表达自己的存在，并要求被当作一个独一无二的人。这是孩子在发展历程上的一个里程碑，值得郑重庆祝，正如能用两条腿自己站立、走路一般。

——《生命重要的前三年》第十章

罗马拱桥

语言是先被吸收，再被复制。与孩子清晰和正确的对话是对其语言发展的首要协助。

——《生命重要的前三年》第十章

当他们开始努力要表述事情时，不应该嘲笑他们说得不好。幼儿需要对自己的沟通能力有信心，这样才能鼓励自己继续尝试。

——《生命重要的前三年》第十章

孩子们相信我们所说的每件事，所以，我们必须诚实以对，不要在给孩子灌输一些错误的观点之后又费力去矫正。只有与他们生活的人们，以及家庭和环境才是最真实的。

——《生命重要的前三年》第十章

书籍应该用来澄清和验证生活中所学到的一切，并通过生活实践来呈现更多的信息，为儿童未来的生活做准备。

——《生命重要的前三年》第十章

语言感性的一面表现在对沟通的渴望。

——《生命重要的前三年》第十章

保持良好的情绪是语言发展和使用的基本条件。

——《生命重要的前三年》第十章

语言把感官动作转换成符号，这是人类智力发展质的飞跃。

——《生命重要的前三年》第十章

我们的经验表明，在对三岁以下的幼儿说不同的语言时，总是固定让相同的人说一种语言是绝对必要的。

——《生命重要的前三年》第十章

长大以后，语言学习机制将失去其非凡的吸收和选择能力。为了使语言学习取得良好的结果，教育应符合科学性，必须遵循和利用个体在自然发展中呈现的特性。

——《生命重要的前三年》第十章

熟悉更多的语言，能让人们更好地相互了解，当然也会促进不同国家之间保持良好关系，有利于世界和平。

——《生命重要的前三年》第十章

所有的父母和成人应了解什么是发展危机，以便更清楚地知道婴幼儿的生活是如何不断在变化的，并且能够识别特殊发展阶段。我们可以通过给孩子提供支持他不断变化的需求的环境来促进各个发展阶段的过渡。

——《生命重要的前三年》第十一章

帮助新生儿使用他们的新能力，首先就是要认识到他们正在经历的发展危机的重要性。

——《生命重要的前三年》第十一章

发展的法则是持续有效的：在特定时间下绝对必要、不可避免的所有事，到后来都会过时。继续下去不但对发展无益，反而有害。生命不能走回头路，而且生命的过程需要智慧的协助，才能朝着更好的未来前进。

——《生命重要的前三年》第十一章

说“等五分钟，然后我会抱你”这样的话，相当于拒绝幼儿的亲近，因为需要接触的那个时刻是很特别的，这时候的口头承诺无法满足他。

——《生命重要的前三年》第十一章

我们必须要准备好与幼儿接触，但我们需要改变接触的形式，只有这样，我们才能真正地帮助孩子的发展。

——《生命重要的前三年》第十一章

有危机出现，这意味着儿童又可以朝独立和人性化之路迈进一大步。

——《生命重要的前三年》第十一章

假如我们从一开始就能认清幼儿的能力，试着与他一起进行生活中的正确活动，并增加双方的合作，那么，反抗危机也许永远不会发生。因为幼儿不断地接收到自我所需的保证，而不必为他的自我认同挣扎。

——《生命重要的前三年》第十一章

孩子可以因为我们让他自由选择并尊重他的判断而获益良多，这是他内在自我的精神食粮，可以让内在自我变得更加坚强。

——《生命重要的前三年》第十一章

我们对孩子（人类的未来）的责任就是，给幼儿提供一个良好的人文环境，包括尊重个体，让生活在一起的每个人表达不同的意见和自己做决定。

——《生命重要的前三年》第十一章

支持儿童不断成长所需的新的物理和心理条件，可用于评估儿童成长的结果，其成长结果的评估不仅要以年龄的增加为依据，还应包括对其生活质量的考量。

——《生命重要的前三年》第十一章

婴幼儿初期是人类生命中最微妙的阶段，唯有科学的教育方法才能为其提供帮助，保护儿童无限的精神能量，这些精神能量才能为个人福祉所运用，最终实现世界大同。

——《生命重要的前三年》第十二章

教育者的任务是重大的，因为人类的进步和世界和平掌握在他们手中。

——《生命重要的前三年》第十二章

第十部分

家庭中的孩子

蒙台梭利学校，是一个能够让孩子静心工作的地方。孩子被压抑的心灵在这儿可以获得解放，表达真正的自我；他们所表现出来的学习态度和行为模式，也和时下一般所推崇的儿童教育理念有所不同。因而我们不得不反省过去在教育上所犯的严重错误，不得不以儿童为载体来反省。

——《家庭中的孩子》第一章

孩子都想挣脱大人的束缚，希望自己去做每一件事。除非是真的需要帮忙，不然孩子很明显不想要大人插手。孩子安静、专注地投入他们的工作中，那种专心、平静令人惊讶！

——《家庭中的孩子》第一章

成人在解读和对待儿童时，不仅在某些教育细节上或某些不完善的教育形式上犯了错，而且采取了完全错误的教育方针。

——《家庭中的孩子》第一章

一个在大人控制的环境下长大的孩子实际上居住在一个无法适应自身生理需求，甚至是精神需求的世界里，而精神需求的满足能支持儿童智力和道德的发展。

——《家庭中的孩子》第一章

金属嵌板

任何教育制度的实施都应首先创造一个环境保护孩子，让孩子的发展免受成人世界的威胁和阻碍。这个环境要像暴雨中的避风港、沙漠里的绿洲、心灵的寄托所，确保孩子能够健康正常地发展。

——《家庭中的孩子》第一章

人的心中有一种特别的无知和盲目，已深入个人精神和整个文明。就像视觉上的盲点一样，这个盲点存在于生命深处。

——《家庭中的孩子》第二章

我们必须彻底了解新生儿的状况，只有这样，新生儿才能够安稳地跨出生命中的第一步。

——《家庭中的孩子》第二章

成人由于不理解孩子而会犯下严重的错误，因为不理解而将其认为是孩子的任性行为，实则不然。

——《家庭中的孩子》第二章

成长本质上是一个神奇的过程，有一种能量启动了新生儿原本不够自主的身体，并赋予新生儿使用四肢的能力，语言的能力，行动的能力和表达自我意愿的能力：这便是人的内化。

——《家庭中的孩子》第三章

存在于世界上的每一种生物，不光只有外在的存在，还具有天生的潜在本能。所有的本能都体现在动作中，也代表着不同物种独特的个性。

——《家庭中的孩子》第三章

骄傲是人类最大的罪恶，它将自身膨胀到神一样的地位，是使其后代遭受巨大苦难的根源。如果孩子的确握有通往自己内心世界的钥匙，如果孩子确实展现出发展的趋向和心智天赋，总有一天孩子会尝试着展现出他的能力。

——《家庭中的孩子》第三章

在进行肉身化的孩子是一个心理胚胎，必须靠自己的力量在新环境里求生存。正如生理胚胎一样，心理胚胎也需要外在环境的保护，它需要爱的温暖，丰盈的存在价值，以及一个完全接受它、永远不会阻碍它的环境。

——《家庭中的孩子》第三章

一个封闭的心灵萌芽，开始茁壮生长，逐渐激活被动的肉体活跃起来，唤醒孩子的意志力，并带着生命的力量开启孩子的意识。

——《家庭中的孩子》第三章

从这一刻起，婴儿娇弱的生命霎时绽放开来，婴儿开始有了意识，他的感官与周遭的环境开始建立联系，在自我实现的努力下，肌肉也活跃起来。孩子的内在努力，必须保持神圣。我们必须对孩子的努力给予同理心，因为这段时间是孩子人格发展定型的关键期。

——《家庭中的孩子》第三章

谁能担任起教孩子“爱”的导师呢？是那些只会惩罚孩子的成人吗？任何一个成年人要成为爱的老师，都必须付出特别的努力，必须睁开意识之眼，才能看到比自己的世界更广阔的世界。

——《家庭中的孩子》第四章

我们一直都可以过得更好，只是人很容易有惰性。孩子是可以帮助大人上进的。如果大人不愿意去尝试，就会失败；然后会慢慢变得顽固，最后变得麻木不仁。

——《家庭中的孩子》第四章

教育者的首要责任……是去发现孩子的独特人格，并予以尊重。

——《家庭中的孩子》第五章

每个成人都有必要了解孩子的需要，并需要压抑自己想要成为孩子生命塑造者的虚荣心。同样必要的是，对每一个独特个体内在生命的自我教育。

——《家庭中的孩子》第五章

教育的基本观念是，我们绝对不能变成孩子发展的障碍。我们要明白，我们必须做的事既不是很简单也不是很难，最困难的是教育孩子要摒弃那些臆断和无益的偏见。

——《家庭中的孩子》第五章

阅读分析板

“无须熄灭正在冒烟的蜡烛”……“不要费心去熄灭已经熄灭的蜡烛”……“万不能摧毁孩子内在生命的自我设计”。

——《家庭中的孩子》第五章

在孩子发展必需的一切因素里面，最常被忽视的是决定孩子人格的因素：孩子的精神需求。

——《家庭中的孩子》第六章

我们必须小心谨慎地了解会抹杀孩子精神的原因，即便是最微小的原因，并与儿童建立亲密的关系。

——《家庭中的孩子》第六章

我们必须停止在孩子生活中扮演监狱看守者的角色，我们要做的是帮孩子准备一个尽可能不受大人监督，不会被大人的命令压得喘不过气来的环境。

——《家庭中的孩子》第六章

我们必须用无微不至的照料和关爱来支持孩子的发展。我们在给孩子准备环境的时候，也面临着一项严峻的考验，因为从某种程度上来说，我们必须创造一个新世界——一个儿童世界。

——《家庭中的孩子》第六章

孩子在工作中获得的快乐，激励他们做每一件事都热情满溢。

——《家庭中的孩子》第六章

真正的兴趣有着深厚的基础；孩子以自己的方式做事，目的在于平息对活动的渴望和满足自身发展的需求。

——《家庭中的孩子》第六章

当孩子埋首于自己的工作时，必须和周遭的一切人与事完全隔离。无人可以帮助孩子建立这种亲密的孤独，孩子借由它发现自己所处的神秘世界是丰富充盈的，一旦有人干预，这种亲密的孤独就会被摧毁。

——《家庭中的孩子》第六章

我们从外在世界解脱出来而形成的思想，必须仰赖内在精神的滋养，周围的环境除了能让我们平静、安心外，不能以任何方式影响我们。

——《家庭中的孩子》第六章

劳动和高度专注的精神之间，有着严密的关联。

——《家庭中的孩子》第六章

当孩子完成了一项非常有趣的工作以后，他们总显得平静而且十分愉快。孩子的灵魂深处像是开通了一条大道似的，这条大道引发出孩子所有的潜能，把孩子好的那一面呈现出来。

——《家庭中的孩子》第六章

心理学家也一致同意教学方法只有一个，那就是必须维持学生的高度兴趣和强烈、持续的注意力。所以，教育所要求的只有一项：借由孩子的内在力量作为指引，来实现自我学习。

——《家庭中的孩子》第六章

身为老师，必须为更好的人性而奉献。他必须像献身给炉火的女神维斯塔那般，保护别人点燃的小火花，不让它受到半点污染；老师必须将自己献身给孩子纯洁的内在生命之火。如果孩子的心灵火花被忽略了，很可能就熄灭了，永远没有办法再点燃。

——《家庭中的孩子》第六章

只有孩子的生命之声能够帮助他选择真正需要的工作。

——《家庭中的孩子》第七章

如果老师能够尊重孩子的自由，对孩子有信心，如果老师有足够强大的意志将他所学暂时放一边，如果老师能足够谦虚而不把他的干预认为是必需的，如果老师懂得耐心等待，他一定会看见孩子的全新转变。

——《家庭中的孩子》第七章

孩子越能够专心，就越能从工作中得到平静，也越能发自内心地遵守纪律。

——《家庭中的孩子》第七章

当孩子越能够自律地工作，他“假性疲劳”的时间就会越短，工作结束后所得到的平静时刻也会变长，因此我们要给予孩子更多的时间来沉淀他刚刚完成的工作。

——《家庭中的孩子》第七章

服从是一种精神上的机智表现，是达到内心平衡的先决条件。服从是一种力量的表现，体现服从的最好代名词是“适应”。

——《家庭中的孩子》第七章

孩子必须发展健全，还必须达到精神境界的平静，才有能力来服从别人。在自然界中，只有强健者才能够适应环境；同样的道理，只有精神力量强大者，才懂得服从和适应。

——《家庭中的孩子》第七章

只有通过观察那些被给予自由的孩子，我们才能发现孩子内在的普遍发展规律是多么的有意义。在这个法则下，这些孩子以他们的本能直觉，找到了力量之路。

——《家庭中的孩子》第七章

当我们讨论人类和环境之间的关系时，我们发现，与其说是人去适应环境，倒不如说是人创造一个环境来适应自己。

——《家庭中的孩子》第八章

我们几乎可以肯定地说，环境的舒适度与孩子的活力成正比关系；在美好的环境下，孩子主动探索发现的意愿要比在一个恶劣的环境中强得多。

——《家庭中的孩子》第八章

在一个真正属于孩子的房间里，孩子会尽量表现好，控制自己的行为。在这种情况下，孩子不需要外来的刺激就能够改进。我们可以从孩子的脸上看出全新的喜悦和骄傲，偶尔还会看到一种无以名状的正经样，这些都说明了孩子天生就能够改进自己的行为，而且他们也喜欢这样做。

——《家庭中的孩子》第八章

对孩子好并不是要容忍孩子犯的各种错误，而是要寻找避免孩子犯错的方法。这需要我们尽量为孩子创造能自由生活和发展的条件。

——《家庭中的孩子》第八章

农场动物

我们已经努力为孩子提供一切所需了，现在必须做的就是克制自己想要帮助孩子的冲动，静静在一旁观察，和孩子保持适当的距离，不要常去打扰，也不要放任不管。当孩子在做一项对他非常重要的事时，孩子会显得很沉静，而且自得其乐。

——《家庭中的孩子》第八章

任何现代的教育方法，在贸然实施之前，都必须先观察孩子，而这些教育方法，最终也会深入家庭，届时一个全新面貌的孩子不但会应运而生，孩子的爸妈也会因此而脱胎换骨。

——《家庭中的孩子》第九章

父母担负教育孩子的责任，总是通过惩罚的方式纠正孩子的错误，但更重要的是作为父母要给孩子树立良好的榜样。

——《家庭中的孩子》第九章

大人们不厌其烦地鼓励孩子养成诚实习惯，却往往把孩子包围在谎言里，而这并不是“小小的谎言”，是早有预谋的，用来欺骗孩子的。

——《家庭中的孩子》第九章

缺乏实际体验的情形下，孩子离真实世界越来越远，他的生活将变得充满幻想和病态。

——《家庭中的孩子》第九章

如果我们真正想要照顾孩子，那么满足他的物质需求是不够的：我们必须为他的精神发展开辟道路。从出生的那一天起，我们就必须尊重他的精神意识，并想办法支持它们的发展。

——《家庭中的孩子》第九章

新式教育给孩子提供了一个适合他发展的环境，也尊重孩子喜欢按自己的秩序工作的本性。同时新式教育提供了我们观察孩子生活的机会，认为观察是必要的，希望能在孩子的精神发展逐渐开放之时，觉察到孩子最迫切需要的东西。在保证孩子身体健康发展的同时，着重精神上的发展，以获得新的进步。

——《家庭中的孩子》第九章

最重要的是尊重和努力理解儿童从事的一切形式合理的活动。

——《家庭中的孩子》第九章

大自然赋予我们学习语言的方法，人们轻言细语地交谈，是大自然最悦耳的天籁。

——《家庭中的孩子》第九章

我们必须尽可能支持孩子活动的意愿，培养孩子独立的个性，不要让其养成依赖的习惯。

——《家庭中的孩子》第九章

我们在与孩子的关系中必须格外谨慎，因为他们对外界的刺激比我们想象的还要敏感。

——《家庭中的孩子》第九章

在孩子面前建立一个完美的形象，并不是我们的责任，我们在孩子的眼中永远存在缺点。他们比我们自己更能看清我们的缺点所在，而且更能帮助我们意识到缺点并改正。

——《家庭中的孩子》第九章

要随时关注孩子精神方面的状态，让孩子自由，这样他才可以清楚地了解自己所需，并通过外在的帮助发展自我。这是让孩子自由自在地成长，充满活力的基础。

——《家庭中的孩子》第九章

老师必须懂得选用孩子最感兴趣的教具从而让学习最有成效，同时懂得如何向孩子展示教具也很关键。

——《家庭中的孩子》第十章

在蒙台梭利学校里，教导孩子的是环境本身。老师只是让孩子与环境直接互动，示范、引导孩子该怎么使用各类教具。

——《家庭中的孩子》第十章

孩子的心智发展需要达到一定的成熟度，才会产生服从的意识，并完成大人吩咐的事。孩子会自己依令行事，并认真执行。

——《家庭中的孩子》第十章

老师的观察作用最终体现在帮助孩子，而这也是观察的唯一目的所在。

——《家庭中的孩子》第十章

当孩子获得了较强的专注能力并集中精力做某件事时，就显现出了他莫大的兴趣。如果孩子将精力随意发泄，那将毫无意义。

——《家庭中的孩子》第十章

尊重在本质上，必须有以下几项基础原则：能够察觉出孩子不同的体能状况；鼓励孩子发展对其身心健康有益的行为（我们通常认为的好事），劝阻孩子做浪费精力并对发展无益的事（我们通常认为的坏事）。

——《家庭中的孩子》第十章

一位了解自己工作的老师，懂得用比强迫压制更有效的办法来引导孩子走入正轨。毫无疑问，这有赖于长期的观察以及持续的努力。老师必须随时留心孩子的状况，谨慎地安排学习环境。

——《家庭中的孩子》第十章

懂得克服小过失、小困难并不一定能让人达到完美的境界。懂得如何克服软弱的灵魂最终将崛起，并通过克服缺点形成良好的品质。任何一种对完美的追求都是这样，对道德完美的追求也不例外。

——《家庭中的孩子》第十章

我们必须帮助孩子摆脱自己的缺点，但不要让孩子觉得自己弱小。

——《家庭中的孩子》第十章

众所周知，现代教育的两大原则是：第一，是了解和培养孩子的特质，并透过他的人格特质来引导他。第二，给予孩子必要的自由。

——《家庭中的孩子》第十一章

教育问题上，我们绝不能妥协。

——《家庭中的孩子》第十一章

环境的设计要符合孩子的需求，让孩子能够一步一步克服困难通往自由，逐渐发展和显现出非凡的个性。

——《家庭中的孩子》第十一章

统筹解决教育的问题的第一步绝不该针对儿童，而应针对成人教育者。成人必须理清自己的观念，摒弃所有偏见，最后还要改变思想态度。

——《家庭中的孩子》第十一章

儿童心理存在两种状态：一种是因自然发展而充满创造力，是正常良好的发展状态；另一种是因受到压迫而变得软弱，进而产生的自卑心态。

——《家庭中的孩子》第十一章

孩子本身就能进行精确地自我引导，孩子希望得到大人的帮助，也就是“帮助他帮助自己”。

——《家庭中的孩子》第十一章

我们逐渐积累引导孩子的经验，教育的目标也变得越来越明确，同时加深了成人教育者跟孩子之间的相互理解。

——《家庭中的孩子》第十一章

每一个从活动中获得自由的孩子，遵循最深刻、最具创造力的需求而发展，也在学习过程中进步；因此，个体的发展促进了文化的传承；孩子的个性遵循着自己的法则展现，演化出各种行动能力。

——《家庭中的孩子》第十一章

大人的干预、教具的使用和学习环境本身，都必须有所限制。教具提供得太多或者太少，都可能对孩子的发展产生负面影响。教具的缺乏，可能导致孩子学习的停顿；教具过多则容易给孩子造成迷惑，让孩子注意力不集中，分散孩子的精力。

——《家庭中的孩子》第十一章

人们清楚地发现，即使是最小的孩子也能与他的环境建立融洽的关系。这种关系的发展先于他的动作发展；孩子的内在存在一股鲜活的精神力量，渴望我们的帮助，即使他的肌肉动作或语言能力的发展尚未开始。

——《家庭中的孩子》第十一章

人必须通过动作，也就是启动进行身体动作的各个复杂器官，方能显示出个体的独特性。人必须建设自我，拥有自我，控制自我。

——《家庭中的孩子》第十一章

我们眼中的孩子其实是一个持续发展变化的个体，他必须一步一步地在思想和行为之间求得平衡发展。

——《家庭中的孩子》第十一章

成人的行为通常是由思维控制的，而孩子则仍在设法将思考和行动统一在一起，这是孩子自我发展的关键。

——《家庭中的孩子》第十一章

孩子表现出他们能够长时间地做某一件事而不觉得疲惫，他们能够专心到几乎完全与世隔绝，这是孩子在人格发展过程中表现出的特征。

——《家庭中的孩子》第十一章

身为成人，面对毫无希望的困境，我们发现自己正迷失在一个没有出口的迷宫中，就像被困在一个布满问题的丛林中，不知道如何是好。唯有等到成人能够勇于面对错误并加以改正时，问题才会消失。

——《家庭中的孩子》第十一章